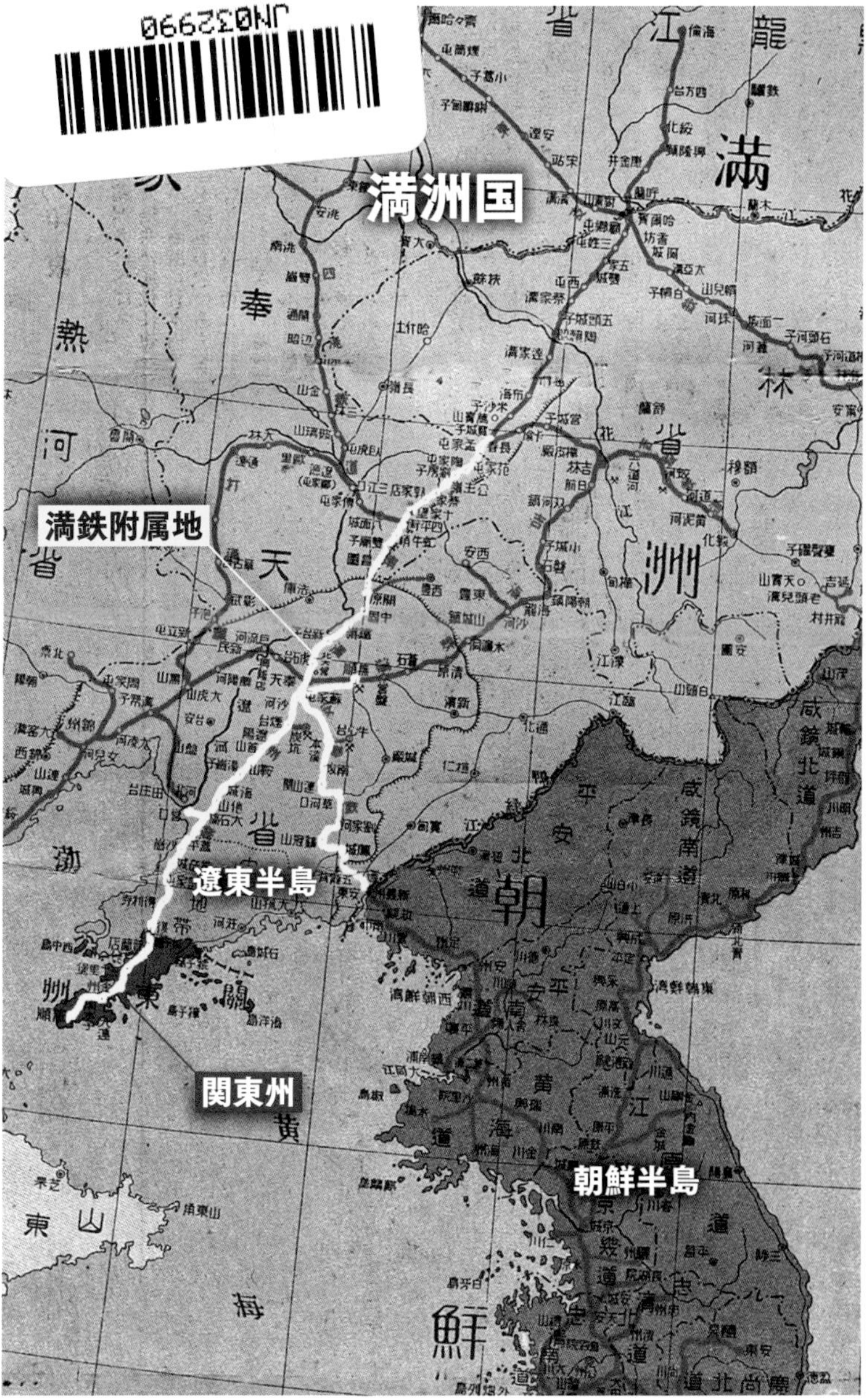
満洲国
満鉄附属地
遼東半島
関東州
朝鮮半島

満洲国

関東州

票北
朝
忠家周
子帮満
山黒
民新
興隆店
天奉
河陽薩
遼
河沙
州錦
河凌大
安台
盤
山虎大
台煙
陽遼
山首
炭坑
錦
河兒女
山連
興
台庄田
北河
河
子崗湯
山鞍
関山
口
城海
山他
省北
山冠
口営
海石大
沙
平蓋
大石橋
営口
渤
城岳熊
地
山抓天
計家出
満洲国
河荘
寺利�杨
帯
復
島中西
店蘭普
城莊
島城石
関
堡里十二
州金
猿子猴
城子坦
順旅
周水
連大
東
島子弾
金州
旅順
大連
関東州
島洋海

満洲国を産んだ蛇

関東州と満鉄附属地

早稲田大学名誉教授
小林英夫

KADOKAWA

巻頭地図
提供：近現代 PL ／アフロ

満洲国を産んだ蛇
関東州と満鉄附属地

目次

凡例

一、地名・都市名・人名に関しては当時の呼称に依った
一、年号の表記は、西暦を原則とし、適宜和暦を補った
一、資料の引用は原則として現代仮名遣いとし、常用漢字は新字体とした
一、敬称は省略した
一、カタカナの引用原文はひらがなに替え、地名には適宜フリガナを付した

プロローグ

関東州とは

中国東北随一の港湾都市大連《だいれん》には旧大連ヤマトホテルをはじめ日本統治時代の建築物が残り、二〇三高地などの日露戦争の戦跡が残る旅順《りょじゅん》とともに、多くの観光客を集めている。大連・旅順を中心とする遼東《りょうとう》半島南部を関東州と呼ぶが、その歴史は、遠く帝政ロシアの極東支配の時期に起源をもつ。

一八九五年、日清戦争後の下関条約で日本がいったんは清国から割譲を受けた遼東半島を露・独・仏三か国からの要求、世にいう「三国干渉」で清国に返還すると、一八九八年、ロシアはその地域を二五年契約で租借し、この地域を関東州と称したのである。ロシアは、シベリア鉄道と接続し満洲北部を横断する東清鉄道から満洲中心部を貫いて関東州へ通ずる南部支線を建設し、ロシア本国との結びつきを強化する。また、東清鉄道は鉄道路線の両側に附属地と称する鉄道会社の所有地をもち、そこは行政権、司法権、徴税権を東清鉄道会社が所有する事実上の領土となっていた。

そしてロシア帝国は旅順とダルニー（日本名：大連）という念願の二つの不凍港を手に入れることで、ここを東アジア活動の拠点としたのである。そして旅順を露国太平洋艦隊の根拠地として、ダルニーをロシア貿易のハブ港として、莫大な資金を投入してここを整備し、旅順を難攻不落の要塞都市へと改変した。ロシアの関東州支配の時代はそれから七年、日露戦争でロシアが敗北する一九〇五年まで続いた。そして日露戦争での日本の勝利で関東州と称された遼東地区のロシア租借地は日本へ継承され、ロシアが所有していた東清鉄道の大連・寛城子《かんじょうし》（長春近郊の駅）間の南部支線とその沿線附属地も一九〇六年に設立された南満洲鉄道株式会社（以下、満鉄と省略）が租借することとなった。

こうして、日本はここ旅順・大連、特に大連を大陸支配の拠点へ改変する政策を開始した。日本の租借期限は、当初は二五年だったが、一九一五年の「南満洲及東部内蒙古に関する条約」（いわゆる「南満東蒙条約」）で、二五年から九九年へと延長された。もし日本が今次大戦に敗れていなかったと仮定すれば、ロシアは一八九八年から租借していたので一九九七年に返還期を迎えたこととなる。この間、のちに詳しく述べるように、一九〇五年から〇六年までは日本の軍政期、〇六年から一九年までは関東都督が統治した時期で、一九年以降は都督府は分離され、軍事関係は関東軍が、民政関係は関東庁が治める時代が続いた。

そして満鉄の鉄道沿線附属地は満鉄が管理していたが、軍事権や警察権は関東軍や領事館の権限に帰属していた。そして関東庁の長官には外務、内務省関連の文官が就任した。こうして関東長官による関東州統治は一九三四年まで継続した。

しかし、一九三一年九月の満洲事変と三二年三月の満洲国の成立、三二年九月の日満議定書の締結で、「日支間の条約、協定その他の取極及公私の契約に依り有する一切の権利利益を確認尊重すべし」という議定書の取り決めに基づき関東州の租借権は満洲国に移り、在満洲国日本大使（関東軍司令官兼任）が管理監督することとなった。

また、満鉄附属地も一九三七年には満洲国に返還された。以降は、関東庁の統治権限を関東軍が吸収する形で、関東庁は三四年に関東局に改変され、その体制が敗戦まで継続することとなる。しかし、この間も一貫して関東州は、満洲国とは異なる別の日本の租借地として政治・経済・文化活動を展開したのである。

満洲国でない関東州

大連や旅順を訪れた日本人は数多いが、この地が独立国の体裁をとっていた満洲国とは異なる中国からの租借地であったことを認識している日本人は少ないと思う。しかし、少し満洲国の歴史を紐解いてみれば関東州は満洲国の一部でなかったことはすぐに判明する。

満洲国の地方行政単位をみると最大の行政単位は省で、満洲国建国当初は奉天省、吉林省、黒龍江省の三省であった。その後一九三三年二月の熱河《ねっか》侵攻作戦の結果、関東軍は同地域を占領すると同年五月に新たに熱河省を新設し四省体制とした。

しかし、この四省体制は清朝時代の旧制度を基本的に踏襲しているため、省行政を展開するには不便な点が多かった。清朝時代は省が基本的な行政単位であったからこの数と規模でよかったのだが、満洲国建国以降中央政府が設立され、従来の連省自治制度が否定され、省は中央政府の地方行政組織となると、従来の省のサイズは大きすぎていろいろな不便が生じ始めたのである。

しかも清朝以来の地方権力者がそのまま利権を保持して譲らず、中央政府の威光が地方に行き渡らないきらいがあった。満洲国建国当初に財務部総長に任命された熙洽《きごう》は中央政府がある新京（現長春）に出向かず、彼の拠点である吉林省にとどまっていたことはその証左である。

そこで、満洲国政府は一九三四年一二月に四省体制を改め、全満を奉天、安東、錦州、熱河、間島《かんとう》、吉林、濱江《ひんこう》、龍江、三江、黒河の一〇省編成とし、興安省も興安東、興安南、興安西、興安北の四省に分離し、一四省体制とした。

そして一九三七年に満洲国の産業開発が積極化するに伴い、地方産業振興を推進するために濱江省南部を中心に牡丹江《ぼたんこう》省が、吉林省東部を中心に奉天省の一部を含み通化《つうか》省が新設された。さらに一九四一年七月には四平省も新設され、合計一九省体制となったのである。

日中戦争から太平洋戦争初期まではこの体制が続いたのだが、ソ満国境の緊張が増し、北辺警備の必要性が強まり始めた一九四二年にまた新たな地方行政機構の改編が行われる。今度は、対ソ防御態勢を固める必要からソ満国境地域の統合が始まった。四三年一〇月に牡丹江、間島、東安の三省を統括する東満総省が新設され、新たに興安諸省を統括する興安総省が新設された。その後四五年五月、東満総省は、東満省と間島省に分離された（満洲国史編纂刊行会編『満洲国史』総論、第三篇第五章、同各論、第三篇第二章）。

満洲国の地方行政機構がその時の状況に応じて大きく変化するなかでも遼東半島先端の旅順・大連を含む関東州は、こうした流れとは少しく異なっていた。関東州はあくまで「関東州」であって、「関東省」ではなかったのである。

満洲国から見れば猫の額ほどの小さな地域が、なぜ満洲国と異なる位置を長く保持してきたのか。そして、敗戦後はソ連軍が旅順、大連を直接占領する形で他の満洲諸省とは異なる統治形態がとられ、それが戦後の満洲引き揚げにも微妙な影響をもたらしたのである。

つまり、関東州は満洲国とは一線を画する別地域だったのである。

本書は、こうした事実に留意しつつ、遼東半島の先端の地、関東州とその最大の拠点である大連、そしてその大連に本社を設けて関東州や満鉄附属地経営に参画した満鉄の歴史に分け入ってみたいと思う。関東州は一九四五年まで存続するが、満鉄附属地は一九三七年をもって満洲国に吸収される。しかし附属地がもっていた特殊性は満洲国へと継承されるゆえ、関東州同様に一九四五年までその歴史を追っていきたい。

満洲国との国境関税事務所　城子坦海関弁公楼

ところで、戦後七〇年余を経た現在（二〇二三年）では、関東州と満洲国を分ける境界線など存在してはいない。旧国境線跡というのも現在ではごく一部にその痕跡をとどめるだけである。

城子坦《じょうしたん》海関弁公楼は、その痕跡がわずかに残る場所である。

大連から金州、皮口を経て遼東半島東岸の城子坦へと向かう。城子坦は日本が租借したときの東部北限の国境線である。ロシア時代より日本時代の関東州のほうが大きいことがわかる。城子坦を流れる碧流河に架かる春満橋に着く。この河が関東州と満洲を分ける境界線で、ここに旧税関の建物があり、税関業務を行っていた。

関東州から満洲国に入るときには目に見えない国境線がひかれていた。あたかも京義線（京城＝現ソウルから新義州）で鴨緑江《おうりょくこう》の朝鮮側の新義州から満洲国側の安東に渡るときに税関検査が行われたように、満鉄で旅順から大連を通過してしばらくすると普蘭店《ふらんてん》駅に着くが、ここから一〇キロ余北に行った地点が関東州と満洲国の境界になっていた。

だからこの地点で通関手続きが必要となるわけだが、多くの場合大連が自由港で税関手続きが必要ではなく、また満洲国へ入国する際にもあらかじめ大連港で通関手続きを済ませているので、普蘭店を超えて通関手続きをする者は少なかったという。

関東州と満洲国の国境の駅、城子坦駅ホームを改札口の外から写す

もっとも陸路でも鉄道ではなく道路を使って行くとなると状況は異なる。一九四〇年に満洲国官吏だった香川鉄蔵《かがわてつぞう》は、馬車（マアチョ）で鉄嶺から瓦房店《がぼうてん》に向かったが、途中関東州から満洲へと国境線を越えている。

香川は以下のように記述している。「二人は車に収まり、広い道路を爽快に走った。租借地のせいもあらうが、すべてが明るい。やがてあけつ放しの広いところに出た。みるとむこうに建物があって、人が群がっている。近づくと、これは国境で、税関であった。持物を調べている。これから先に入ると満洲国、これまでが関東州。あちらに住めば満人、こちらに住めば支那人か漢人か。やはり満人というのかな。一寸わからない」（香川鉄蔵『満洲で働く日本人』、五〇頁）。

この記述をもとに香川が言う鉄嶺から瓦房店に向かう境界地点を探したが、税関の建物はおろか国境線の標識跡もついに発見はできなかった。たぶん、歴史の経過とともにその痕跡を消し去ったからなのだろう。

しかし、金州から満鉄線と別れて遼東半島東岸を走り城子坦まで行く支線の場合にはどうだろうか。というのは、香川は城子坦の国境でも同じことを書いているのだ。「復東鎮は満洲国、城子坦は関東州で此間に国境があり、税関もあるわけだが旅客の小荷物検査は荘河行バスの発着所で行って居る。而して、西方の城子坦は、面白いことには、此間外観上何の境界もなく純然たる一つの街であるのに東の方の郵便函は満洲国の郵政総局のもので、西の方一帯は日本の端書や切手でなければ投函できない」（同書、五八頁）のである。城子坦にその痕跡が残っていたことは前述したとおりである。

したがって、関東州と満洲国は、別物なのである。一方は中国からの租借地であり、もう一方は、溥儀《ふぎ》を皇帝にいただく独立国。国の成り立ちも違えば、これまで歩んできた歴史も違う。確かに関東州は猫の額ほどの小ささだが、巨大な満洲国に飲み込まれるには、あまりに違う歴史を歩んできたのである。

［右］旧関東州と満洲国の境にある春満橋（写真手前側が旧関東州、橋の先が旧満洲国）
［左］城子坦駅正面（現在は使われていない）

関東州概観

いま、満洲国と関東州は違うのだ、と強調したが、その違いを明らかにしていく前に何が違うのか、ということをあらかじめ説明しておく必要があろう。満洲国は一九三二年三月に誕生した、溥儀を執政（後に皇帝）とする「独立」国家である。むろん実態を見れば関東軍の内面指導を受ける傀儡《かいらい》国家であったことは今では多くの研究書で実証されている。他方、関東州は日露戦争の結果、ポーツマス条約（日露講和条約）でロシアから受け継いだ租借地である。

ポーツマス条約の第五条によれば、「ロシア帝国政府は清国政府の承諾を以て旅順口、大連並びにその付近の領土及び領水の租借権及び該租借権に関連しまたはその一部を組成する一切の権利、特権及び譲与を日本帝国政府に移転譲渡す　ロシア帝国政府はまた前記租借権がその効力をおよぼす地域における一切の公共営造物及び財産を日本帝国政府に移転譲渡す」となっており、ロシアが租借していた関東州の領有権を日本政府が継承したことを明記していた。そしてこの条約を清国は一九〇五年一二月の「日清満洲に関する条約」で確認した（外務省編『日本外交年表並主要文書』上、二五三―二五七頁）。

では、関東州とは具体的にどの地域を指すのか。一般的には遼東半島南端の地域を指すが、より正確には、遼東半島付け根のうち、普蘭店北方の長陽寺以南から横一線引いた地域で、それは半島周辺列島を含む島嶼《とうしょ》地域を含んでいる（巻頭の地図参照）。

その広さは三四六二平方キロだから、満洲全土一一九万平方キロの〇・三％に過ぎず、日本でいえば鳥取県か奈良県ほどの広さである。

そしてこの地域に戦前で約一六六万人（一九四四年）の人々が住んでいた。全満洲人口四四二四万人（一九四二年）と比較すると三・八％に過ぎない。一六六万人のうち、日本人は約二三万人、朝鮮人は約一万人で少数の欧米人を除く残りは中国人で、その数は一四二万人を数えていた（関東州経済会『関東州経済の現勢』一九四四年）。

ちなみに一九四四年の関東州総人口一六六万人を二〇一六年現在の日本で見ると第二四位の鹿児島県の人口にほぼ匹敵する規模である。

関東州は、遼東半島の先端を南から順に大きくは旅順地区、大連地区、金州地区に三分割される。そして、その三地区を串刺しするように大連を起点に北に向けて満鉄の幹線が大連、金州、普蘭店、瓦房店、熊岳城《ゆうがくじょう》、大石橋《だいせっきょう》、鞍山《あんざん》そして長春まで延びていたのである。

また、金州からは東岸沿いに満洲国との国境線である城子坦までと大石橋から営口までへと支線が延びていた。現在ではその痕跡はほとんど残されていないが、戦前は、関東州と満洲国との間にははっきりした国境線が敷かれていて出入するには税関手続きが必要だった。前述したようにその痕跡は、現在わずかに城壁の街に見ることができる。

関東州の経済は、大連という巨大な自由港を抱えた租借地であるため、他の植民地と異なる特殊性をもっていた。まず通貨であるが、日露戦争終結当初は日本の軍票はじめロシア通貨、中国通貨など各国の通貨が混流していた。それから一九〇六年に横浜正金銀行銀円券で幣制統一されたが、金券需要の増加とともに一九一六年には朝鮮銀行券による幣制統一が行われた。その後一九三二年には満洲中央銀行が設立され、三六年には円元パーが実現したことで関東州にも満洲中央銀行券が自然流通することとなった（大蔵省『日本人の海外活動に関する歴史的調査』関東州篇、第八章第一節）。

産業は、遼東半島の先端でとりわけ目立った資源があるわけではなかったが、満洲の特産大豆の輸出の一大拠点である大連港を擁している関係から大豆加工の油房業や小麦加工の製粉業といった食料品工業が発達を見せ、製塩業が復活拡大を遂げた。

大豆を搾油する油房業は、ハルビン（哈爾浜）、営口、安東、開原など全満各地に勃興したが、「大連は満洲に於ける油房工業の中心地たるを失わず」（関東庁『関東庁施政二十年史』下、五八一頁）といった具合で繁栄を遂げ、製塩業も、また天日製塩に適していたことから一八六〇年代に「関東州は著名の産塩地と為るに至り」（同書）と称されていた。

その後、日清日露戦争の戦災のなかで一時は荒廃したが、関東州が日本の租借地となると日本企業が進出、さらには中国人企業の勃興もあって「一大産塩地を形成するに至」（同書、六三四頁）ったという。

この地域には、日露戦争時に激戦地となった旅順や満洲国の呑吐港《どんと》（大量の物資が出入する港）として満鉄の起点となり終点となった大連、満洲で最初の開港地となり、また満洲事変後に満洲国執政でのちに皇帝となる溥儀が天津《てんしん》を脱出、満洲に第一歩を記した地である営口がある。かように関東州は、中国の地でありながら日露両国が帝国の極東支配の拠点とした関係から歴史的遺跡が数多く残されている場所でもある。

満鉄附属地

実は、関東州の歴史を語るとき、関東州だけでなく、同州と深くかかわる満鉄附属地の歴史に関しても語る必要がある。

満鉄附属地とは、関東州から中国東北の奥深く長春まで伸びている満鉄の鉄道沿線地域を指すが、ポーツマス条約で、この東清鉄道附属地の日本への譲渡を規定した前掲第五条に続いて、次の第六条で以下のように記されている。「ロシア帝国政府は長春（寛城子）旅順口間の鉄道及びその一切の支線並びに同地方において之に付属する一切の権利、特権及び財産及び同地方において該鉄道に属しまたはその利益のために経営せらるる一切の炭坑を補償を受くることなくかつ清国政府の承諾を以て日本帝国政府に移転譲渡すべきことを約す」（外務省編『日本外交年表並主要文書』上、二四六頁)。

ロシアは、長春から旅順までの鉄道幹線と奉天から安東までの安奉支線、大石橋から営口までの営口線などの支線鉄道だけでなくその鉄道沿線施設及び撫順《ぶじゅん》炭鉱を日本に移譲したのである。

さらに同条約の追加約款では「両締約国は満洲に於ける各自の鉄道線路を保護せむがため守備兵を置くの権利を留保す該守備兵の数は一『キロメートル』毎に一五名を超過することを得ず」(同書)として鉄道守備隊を駐屯させる権利を有していた。

満鉄附属地は、線路を挟んだ両側地域だが、その幅は一定していなかった。大連・長春間の約七〇〇キロに及ぶ満鉄本線では、その幅は最大で四三メートル、最小で七メートルであった。しかし、安東と奉天を結ぶ安奉線の約二六〇キロでは最大三六メートル、最小は一七メートルだった。しかしそれは鉄道沿線であって、駅周辺の市街地域や鉱山、工場所在地になると大きく膨らんだ。

たとえば満鉄本線のなかで、奉天(現瀋陽《しんよう》)を例にとれば、市街地は駅をはさんでその幅は二一〇〇メートルに及んだ。附属地面積が五〇〇万平方メートル(東京ドーム約一〇六個分)以上に達する市街地は、満鉄沿線の奉天、公主嶺、開原、鉄嶺、遼陽、四平街、長春の七都市に及んでいた。

そしてこの附属地内には練兵場や関東軍の兵営、警察署、学校、消防署、病院などがあった。こうした権利は、東支鉄道を建設する際ロシアが清朝と結んだ契約をそのまま日本が継承したものだった。

そしてこの附属地には軍隊を駐屯させる駐兵権を持ち、警察権、課税権まで持っていた。また治外法権が認められ、自国通貨を流通させる通貨流通権も持っていた。満鉄附属地行政権は、後述するように一九三七年一二月には満洲国に移譲されるが、一九三五年段階での日本人居住者人口は約一九万人で、日本人の大半は、関東州と満鉄附属地に居住していたのである。

ここに居住する日本人の職業をみれば、会社員、商人、官吏などが多数を占め、農林業従事者は少なかった。関東州と満鉄、満鉄附属地はあたかも日本の「小国家都市」の体をなしていたのである（外務省編『外地法制誌』第一二巻）。

関東州・満鉄附属地のメタモルフォーゼ（変身）

したがって、満鉄附属地は満鉄沿線沿いの中国東北部を貫く細長い満鉄の租借地という名の実質的な日本の領土であった。

それはあたかも満洲の心臓部に食い込んだ蛇のような姿で、細長く、ところどころで蛇が卵を飲み込んだように市街地がこぶのように膨らんでいた。

そしてこの蛇は外界の振動を感知する神経としての情報機能、身を守り外敵を攻撃するための軍隊や警察、消防隊などの武力装置、屋台骨を支える骨格としての満鉄の鉄道網、栄養分を吸収し排出する工場や炭坑や鉱山を備えていた。そして大連には頭脳としての優秀な調査部を備えた満鉄本社を有していた。

しかもこの蛇にたとえられる満鉄附属地は、様々な手段で周辺の土地や鉱山、炭坑を買い増し続けたために年とともに肥大化し成長を遂げていった。ここで生み出される栄養分を日本人住民は吸収し、そして豊かな都市生活を享受することができたのである。

このいわゆる「蛇」が住む環境は一九二〇年代後半になると変化していく。「蛇」の生存を厳しく制限する中国革命の嵐が到来してきたからである。郭松齢《かくしょうれい》事件（一九二五年一一月）、張作霖《ちょうさくりん》爆殺事件（一九二八年六月）から満洲事変勃発（一九三一年九月）を経て満洲国の誕生（一九三二年三月）のなかで蛇は脱皮を図り始める。

古い殻を脱ぎ捨てて新しい姿（満洲国）への変身を遂げてきたのだ。しかし「五族協和」「王道楽土」という美しい装いを表面的に掲げたものの、その内実は「蛇」の姿の変身だったのである。

研究史の整理

関東州の歴史は、満洲国の歴史の一部ではないことがわかった。しかし、この関東州の歴史を綴った書籍はさほど多くはない。

従来関東州や満鉄附属地の大連や新京（現長春）、奉天などの都市に関する研究は越沢明の先駆的研究『植民地満洲の都市計画』（アジア経済研究所、一九七八年）に端を発する。その後には柳沢遊

『日本人の植民地経験―大連日本人商工業者の歴史』（青木書店、一九九九年）などの一連の研究があるし、麻田雅文『中東鉄道経営史　ロシアと「満洲」一八九六―一九三五』（名古屋大学出版会、二〇一二年）のようにロシア文献を基に中東鉄道経営史の中に附属地問題の原型となる「収容地の形成と変容」（同書第五章）を分析した著作も出されている。

基本文献として挙げられるのは関東庁が編集した『関東庁施政二十年史』上・下（原本一九二六年刊行、復刻版は原書房一九七四年刊行）であろう。同書は関東庁の正史であるとともに関東庁の百科事典的性格を持っている。

また、満鉄附属地に関しては、南満洲鉄道株式会社編『満鉄附属地経営沿革全史』上・中・下（龍渓書舎復刻、一九七七年）が、満鉄附属地の歴史と各都市別概況を紹介している。

また、法令史的視点から関東州と満鉄附属地に言及した書物としては外務省条約局法規課編『関東州租借地と南満州鉄道附属地』前後編（一九六六年）がある。また、関東州の歴史を統治開始から一九四〇年段階までたどった概説書としては大蔵省管理局『日本人の海外活動に関する歴史的調査（通巻第二五冊、満洲篇第四分冊、関東州篇）』（一九四九年）がある。

研究史を見ると山本有造が『「満洲国」経済史研究』（名古屋大学出版会、二〇〇三年）のなかで「『関東州』貿易統計論」を展開しているし、田中隆一『満洲国と日本の帝国支配』（有志舎、二〇〇七年）も関東州論に言及している。

このほか、山本有造編『「満洲国」の研究』（京都大学人文科学研究所、一九九三年、緑蔭書房、一九九五年）のなかでは、副島昭一「『満洲国』統治と治外法権撤廃」が治外法権撤廃過程を跡付けているし、浅野豊美・松田利彦編『植民地帝国日本の法的展開』（信山社、二〇〇四年）では、山崎有恒が「満鉄附属地行政権の法的性格」において関東州、満鉄附属地での競馬場設置をめぐる外務省・拓務局・陸軍の対抗と決着過程を分析し、また田浦雅徳「満洲国における治外法権撤廃問題」は武部六蔵日記を中心に関東軍・外務省・関東局の満鉄附属地撤廃問題を論じている。

このほか、安冨歩は、満鉄を「鉄道附属地という名の植民地を継続・拡大する使命を追う植民地機関」（安冨歩「満鉄の資金調達と資金投入」『人文学報』第七六号、一九九五年三月、一五五頁）という特徴点を踏まえて満洲事変以降の満鉄を通じた資金調達と投入を分析している。また、平井廣一「満州国における治外法権撤廃及び満鉄附属地行政権移譲と満州国財政」（『北星論集』第四八巻第二号、二〇〇九年三月）は、治外法権撤廃に伴う満鉄附属地財政の推移を跡付けている。

さらに芳井研一編『南満州鉄道沿線の社会変容』（知泉書館、二〇一三年）は満鉄沿線の地域社会変容という視点から満鉄附属地を検討している。

しかし、関東州や満鉄附属地が、日露戦争以降、中国東北に対する政治的・経済的・文化的関係を構築して一九二〇年代までに東北地域に巨大な日本勢力圏を形成し、一九三〇年代に、満鉄附属地が膨張する形で満洲国形成の骨格を成したことを考えると、同地域の初発から消滅までの過程の「段階論を踏まえた支配と被支配の政治経済文化的変容」研究（村上勝彦「日本資本主義と植民地」社会経済史学会編『社会経済史学の課題と展望』有斐閣、一九八四年、一九九頁）は、「満洲国」理解やその特殊性研究の不可欠の前提となろう。

したがって、「領土」や「民族」を基軸とした歴史記述だけではなく「地域」を中心に据え、前近代から近代までを連続で把握するマンチュリア（満洲）の中国領土への包摂過程を対象とした塚瀬進の研究（『マンチュリア史研究』）は興味深く、戦前満洲イメージを払しょくしたいという意図は理解できるし、その成果は組み入れるが、満洲という名称は塚瀬の批判に耐えうる名称だと考え、かつ村上の問題提起に賛同するがゆえに、塚瀬のそれには与しない。

本書では、関東州、満鉄附属地の段階的・外延的拡大が満洲国であったという視点からその変遷をとらえ直そうと考えている。関東州と満鉄附属地を取り上げる意図はそこにある。

I

中国東北をめぐる露・日の角逐の激化

開拓の広がり

満洲の地がロシアの侵略を受けるはるか以前の一七世紀までは、この地は清朝の発祥の聖地ゆえ、封禁の地として、何人も立ち入ることができない原野が拡がる荒野であった。

この地をめぐる一九世紀以前の満洲の起源・植民・覇権の歴史に関しては、石田興平『満洲における植民地経済の史的展開』（ミネルヴァ書房、一九六四年）、小峰和夫『満洲』（講談社学術文庫、二〇一一年）らの研究があり、最近は元末から戦後までの満洲（マンチュリア）をカバーした塚瀬進『マンチュリア史研究―「満洲」六〇〇年の社会変容』（吉川弘文館、二〇一四年）などが上梓されているが、ここでは以下の関東州の分析に必要な限りで、その歴史を概観しておこう。

ところで、清朝発祥の封禁の地であった満洲も一七世紀から一八世紀にかけて清朝の衰退とともにこの地への漢人の開墾の轍は深く、開発は拡大していった。

漢人による初期の開発は万里の長城に近い南満の地から始まり、やがてそれは、より北方の中満、北満の地へと延びていった。

一八世紀までは主要な運搬手段は船舶だったからおのずと河川に沿って開発の手は伸びていった。満洲の河川の多くはその水源を大興安嶺《だいこうあんれい》、小興安嶺、長白山脈《ちょうはく》に発して公主嶺を分水嶺に南北二手に分かれ、一方は北満の平原を大小河川を合わせ東方から途中で同じく北満の平原を流れる松花江《しょうかこう》を合して北東に転じてオホーツク海へと注ぐ黒龍江となる。この河をめぐって清国軍は北方から南下を開始するロシア軍と幾度も干戈《かんか》を交えた。

一七世紀後半から始まるロマノフ王朝の東進政策で、コサックやロシア探検隊そして一攫千金を狙う山師たちは金銀などの貴金属や黒ヒョウの毛皮などを求めてウラル山脈を越えシベリアの地へと進み、一七世紀末には黒龍江の北岸に達した。

しかし清により南下を阻止されたロシア軍は、一六八九年に清との間でネルチンスク条約を締結した。同条約では、ロシア領は、黒龍江以北のスタノヴォイ山脈（中国名で外興安嶺）の線とされた（地図①、②参照）。

しかし、満洲開拓という意味では、もう一つの大河である遼河《りょうが》を忘れることはできない。遼河は、その水源を黒龍江と同じく大興安嶺に持ちながらも中南部の満洲の肥沃な原野を大小河川を合わせて大河となり豊かな水量と緩やかな流れをたたえて南下し、遼東半島の付け根の牛荘、営口から渤海湾《ぼっかいわん》へと注ぐのである。その長さは総延長三八〇〇支里（一支里は約五〇〇メートル）、約一四〇〇キロに及ぶ。日本の最長の河川の信濃川が三六七キロだからその四倍余の長さである。

そしてこの南流する遼河を境に南満の平原は東部、西部に分けられた。鉄道が開設されていなかった一七世紀から一八世紀にかけて、遼河は満洲を南下する河川の雄として満洲交易の柱を構成していたのである。満洲の開拓をもくろむ山東、河北などの漢人たちは、遼河沿いに北進を開始し、そこで開拓した物品を台車や牛馬の背に積んで遼河沿岸まで運び、さらにジャンク船などで河を下り河口に近い牛荘（営口）で外国商館に荷を届けたのである（地図③参照）。

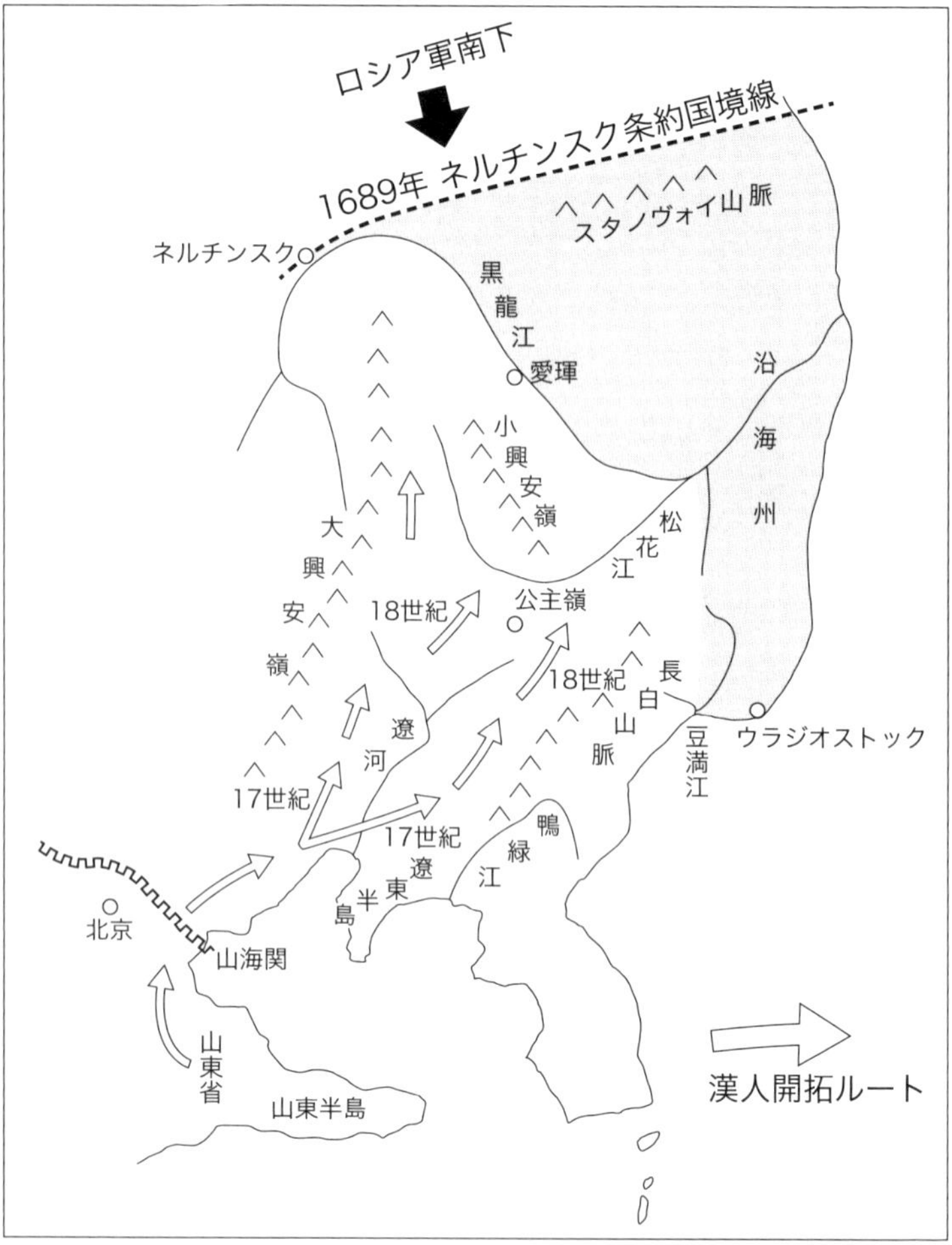
ロシア軍南下
1689年 ネルチンスク条約国境線
スタノヴォイ山脈
ネルチンスク
黒龍江
愛琿
沿海州
小興安嶺
大興安嶺
松花江
18世紀
公主嶺
18世紀
長白山脈
豆満江
ウラジオストック
遼河
17世紀
17世紀
鴨緑江
遼東半島
北京
山海関
山東省
山東半島
漢人開拓ルート

地図①

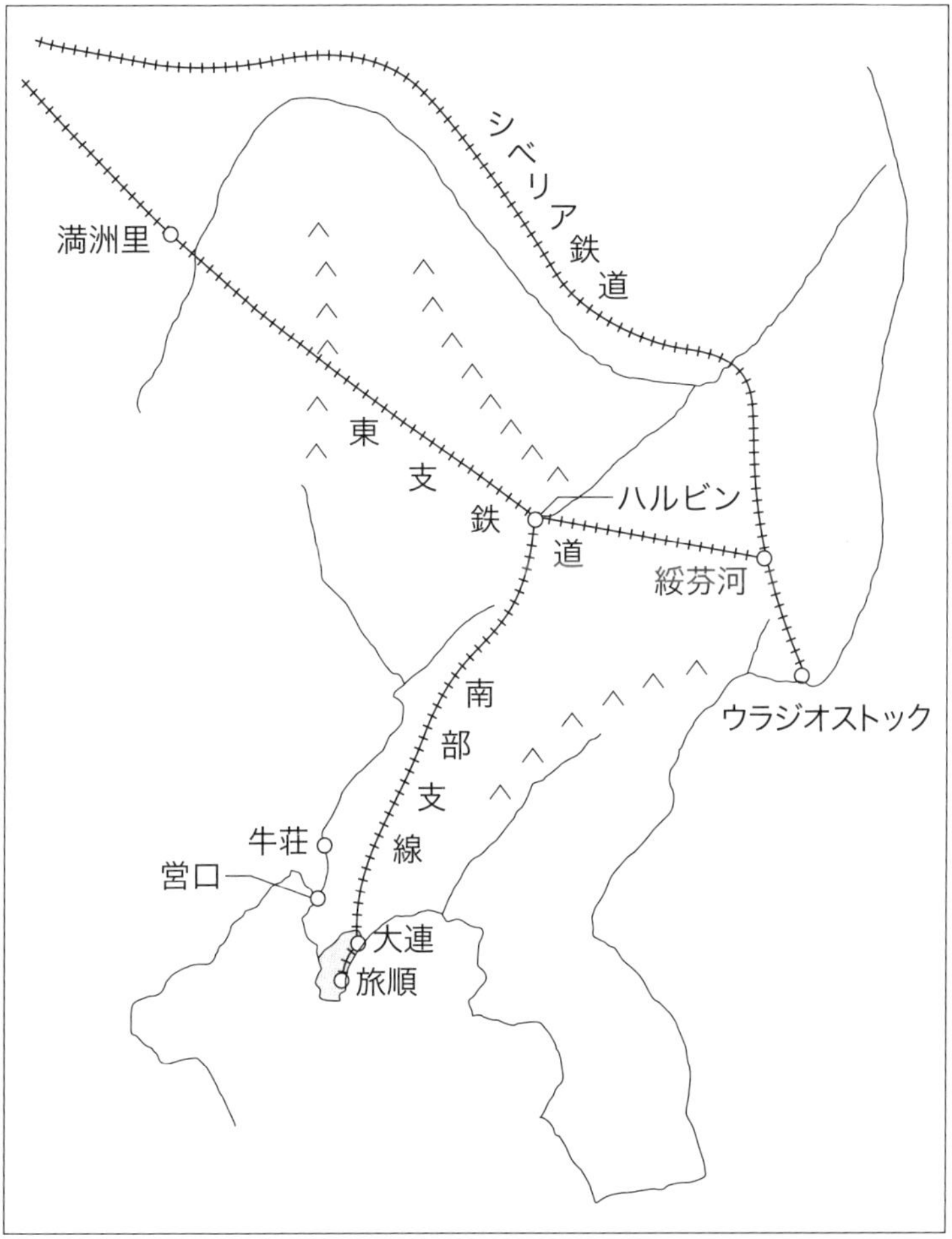

地図②

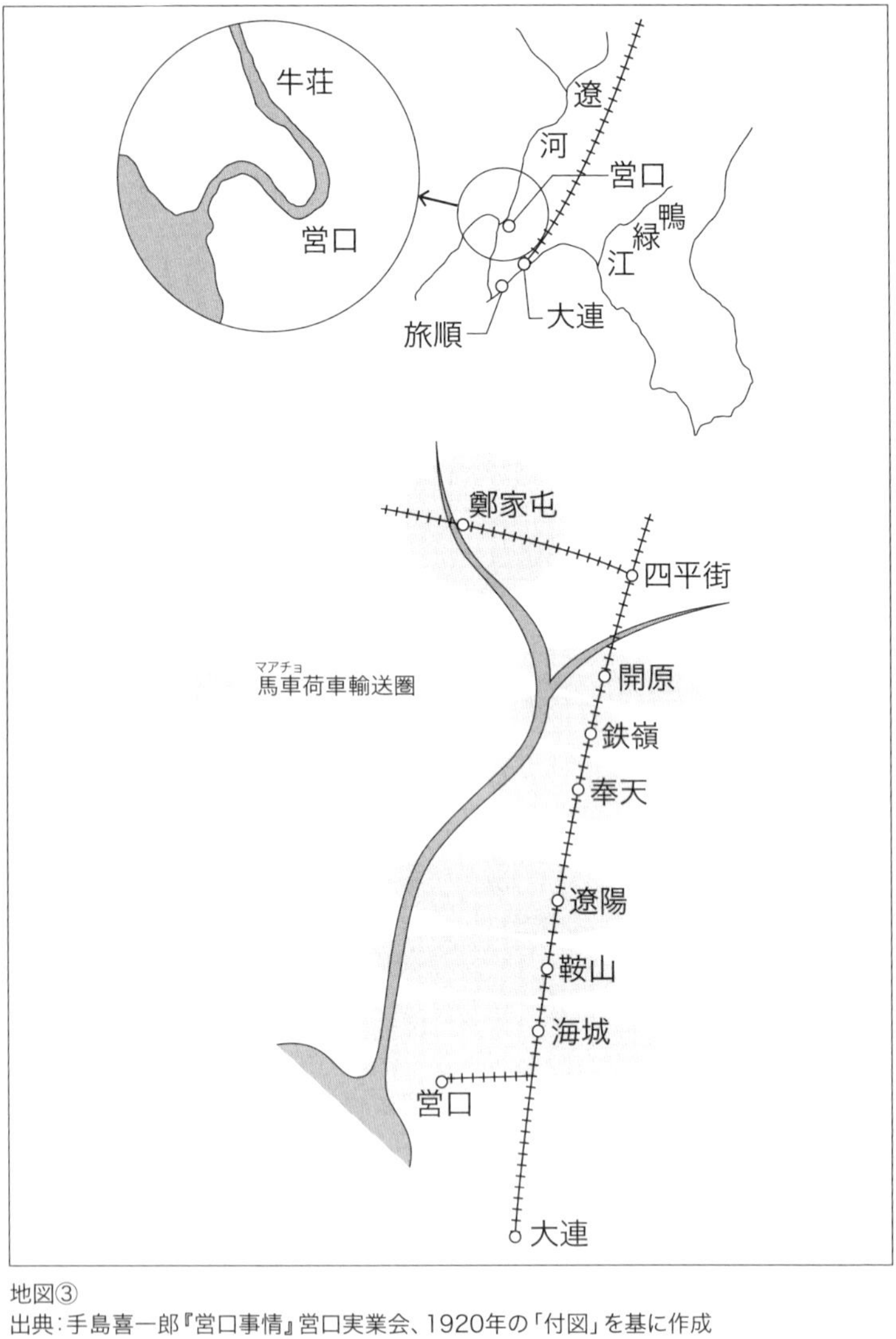

地図③
出典：手島喜一郎『営口事情』営口実業会、1920年の「付図」を基に作成

使われたジャンク船は、全長二〇メートル、幅二メートルで、平均八〇石から九〇石（約一六トンから一八トン）積みの槽船と称された帆掛け船か、形状は同じだがそれより小ぶりの牛船だった（手島喜一郎『営口事情』、一四四―一四五頁）。漢人の満洲への進入は、清朝発祥の地として、長い間封禁の地として外界にさらされることが少なかったこの牧草地域に農業と商品経済の原理を持ち込んだ。

そして漢人の開拓のクワは、一八世紀になると東北の中部、奉天省から吉林省にまで及んでいった。

営口

現在の営口は、歴史の陰に静かにたたずむ街だが、清朝時代は東北開拓の最前線都市であり、かつまた東北物産の最大の集散地でもあった。ここは、一八八五年の天津条約によって開港された中国東北では最初の開港地であった。

当初は遼河河口より遡った地点の牛荘が拠点だったが、大型船が入りやすいように河口に近い営口が開港場となった。だからロシアの東北進出とともに旅順や大連が脚光を浴びる前、つまり日露戦争前までは、ここは、中国東北の西欧に開かれた窓であり、入り口だった。

「営口の下流十哩の地点に於いて渤海に入る其延長三千八百支里（一支里は約五〇〇メートル）と称され其の流域は満洲の中部を流れ南満洲の大動脈にして奉天省における唯一の大河なり　之に

より て南満の平野は二分せられ以西を遼西と云い以東を遼東と称せられる」（手島喜一郎『営口事情』一九二〇年、一三八―一三九頁）。

したがって、遼河の流れは「田庄台、海城、遼陽、奉天、新民府、法庫門、鉄嶺、開原、昌図、三河口、鄭家屯等の著名なる市場を連ね其の聚集せる生産物は大部分水運によりて営口に下りその帰路は日用雑貨を搬入し更に之を奥地流域に分布せるが故に当地営口の盛衰は一に遼河の水運によりて其の繁栄の基礎を決すべく遼河の価値は実に此の水運にありき」（同書、一三九―一四〇頁）と称されたのである。

また、当時の営口の繁栄に関しては、中国東北史の古典の一つとも言うべき宣教師クリスティーが著した『奉天三十年』（矢内原忠雄訳、岩波新書、一九三八年）のなかで「十一月の末になると満洲の門戸たる牛荘の港は閉ざされ、少なくとも四箇月間は結氷する」（上巻、八九頁）と記されていた。港としてこうした欠点があったとはいえ、当時の牛荘は満洲の開港地であり、西洋に開かれていた窓だった。そして多くの外国人が牛荘から満洲奥地に入り、そして牛荘（営口）へ戻ってきた。これは日清戦争が始まる一〇年前の一八八五年前後のことである。

のちにロシアは、この遼河沿いに形成された遼陽、奉天、鉄嶺、開原などの商圏を貫くように東支鉄道南部線を通して、圏内の物産を吸収して鉄道の終着駅大連をその物産の終着点としようとしたのである。こうしたロシアの南下に中国に代わり新たに立ちふさがったのが一八六八年の明治維新以降急速に力をつけて近代化を推し進め始めた日本だった。日本は日清、日露両戦争でロシアの南下を阻止し、さらに日露戦争のポーツマス講和条約でロシアの利権を継承し、それを基礎に東北での支配強化を図ることとなる。

日清戦争と日本の遼東進出

南下を続けるロシアを前に、日本はまず朝鮮半島をめぐる覇権争いを清国と展開した。日本は一八七五年の江華島事件を契機に、翌年には朝鮮側に不平等な日朝修好条規を承認させ、八四年には金玉均《きんぎょくきん》らの開化派主導の甲申事変のクーデターをてこに勢力の拡張を図った。このクーデターは失敗に終わり金玉均は日本へ亡命した。八五年に日清両国は天津条約を結び両軍は朝鮮から撤兵し、今後朝鮮に出兵するときは相互に通知することを約束した。

その後も朝鮮をめぐる日清の対立は続き、清は袁世凱《えんせいがい》を朝鮮に派遣し、朝鮮の内政や外交に干渉し、影響力を拡大していった。日本もこれに対抗し、朝鮮での軍事的優位を保持するために陸海軍の増強と近代化に努める一方で、清国への反撃の機会をうかがっていた。

おりしも一八九四年に朝鮮南部で大規模な農民の反乱(「甲午農民戦争」、またの名は「東学党の乱」)が勃発した。李朝政府はこの反乱を鎮圧するために清国に出兵を要請した。この情報を聞いた日本政府は、天津条約をたてに即座に出兵を決定し、軍を派遣した。しかし日本軍が朝鮮に上陸する以前に李朝政府と農民反乱軍の間に和約が成立し日本は出兵の名目を失った。

そこで日本は開戦の口実に朝鮮の政治改革を要求し、これを拒否した清国軍を攻撃、日清両国は戦闘状態に入った(次頁の日清戦争図参照)。七月二五日、連合艦隊は朝鮮豊島《ほうとう》沖で清国兵を輸

清
奉天
大連
鴨
緑
江
朝鮮
元山
遼東半島
平壌
黄海海戦
日本海
旅順
仁川
漢城
江華島
成歓
豊島沖
海戦
牙山
日本
威海衛
山東半島
釜山
対馬
下関
日本軍進路

日清戦争図

送中の高陸《こうしょう》号を撃沈、二九日には陸戦で清国軍を撃破した。

そして八月一日、日本は清国に宣戦を布告した。宣戦布告後の九月には陸上では二個師団をもって第一軍が編成され山縣有朋《やまがたありとも》が司令官となって平壌の清国軍を攻撃し、一日の戦闘でこれを攻略した。また、海上では黄海で日本の連合艦隊が清国北洋艦隊と砲火を交え、激戦の末、日本も主力艦数隻が損害を受けたが清国海軍は主力五隻を失い威海衛《いかいえい》へと後退し、日本が黄海の制海権を確保した。さらに二個師団を基幹に大山巖《いわお》を司令官とする第二軍が編成され、鴨緑江を渡って遼東半島へと進軍し、一一月には旅順を攻略した。

さらに日本軍は後退する清国軍を追って、翌九五年二月には山東半島の威海衛に進攻、ここを拠点としていた清国海軍主力の北洋艦隊を降伏させた。また三月には陸軍の一部の部隊は台湾占領作戦に備えて澎湖諸島を占領、ここを拠点に台湾島占領作戦を展開した。

戦局が清国に不利となるなかで、一八九五年三月から休戦交渉が積極化し、四月に清国全権李鴻章《りこうしょう》と日本側伊藤博文との間で日清講和条約が締結されたのである。

日清戦争下の営口

一八九四年に勃発した日清戦争時には、多くの中国人や外国人が戦火を逃れて牛荘へと殺到した。日本軍の軍紀は厳正だったとクリスティーは回想する。「牛荘はよき行政者を得たことに於いて、特に幸運だった。訴は直ちに聴かれ、裁きは公平に下された。支那人を苦しめた廉《かど》により日本人の処罰された二三件が、一大印象を与えた。衛生状態は改善され、道路は鋭意築造せられ、大通りには街灯が立てられた。この外いくつかの大都市の行政も、同じように仁慈、公正、且つ文明的であった」（前掲上巻、一四一頁）。しかし、戦後なだれ込んできた民間の日本人は最悪だった。「軍隊の後から、人夫、運搬夫等々として雑多なる最下級の群が来て、これらは支那人から恐怖の混じた軽蔑を以て見られた。彼等の無作法な衣物とむき出しの身体とは断えざる嫌悪の感を呼び起こした。泥酔その他の悪行が彼等の間に普通であり、而《しか》して彼等は兵士の如く厳格なる規律のもとに置かれなかった」（前掲上巻、一四二頁）。

しかし、営口が満洲貿易の拠点となり、華北や華中・華南地域と交易を結ぶ拠点となる中で、営口は大いなる繁栄を遂げた。特に一八七〇年代以降から営口が大豆三品（大豆、豆粕、豆油）の輸出港、外国綿製品の輸入港として「日満大豆貿易の夜明け」（小峰和夫『満洲』、一九〇頁）を迎えて以降、対日大豆輸出を軸に貿易額は急増を遂げた。

そして営口の過炉銀は、「営口商界特有の振替通貨にして」（満洲中央銀行『満洲中央銀行十年史』、四六頁）東北地域で強い流通力を持ち信用厚き通貨として東北で流通した。

しかし、営口の繁栄の時期はさほど長くはなかった。日露戦後に日本が東北支配の拠点としてロシアの「遺産」を活用して大連の築港・都市建設を推し進め、ここを南満洲鉄道（満鉄）の本社と定めて営口に代わって東北の玄関港としての機能と役割を課すとともに営口は東北史の傍流へと淀むこととなる。

日清講和条約

関東州の歴史的起源をたどれば、それは日清戦争を終結させた一八九五年四月に下関で締結された日清講和条約にさかのぼる。

日本の伊藤博文と中国の李鴻章が四つに組んだ和平交渉で、朝鮮の独立の承認、遼東半島・台湾・澎湖諸島の日本への割譲、賠償金二億両（邦貨約三億円）の支払い、沙市、重慶、蘇州、杭州の開港と最恵国待遇の付与などが決められた。日本側の要求が通る形で、これを契機に日本は東アジア帝国への道を進むこととなる。

日本の要求が通ったと述べたが、通らなかったことがある。それは、遼東半島の割譲である。条約締結六日後の四月二三日に露・独・仏三か国による遼東半島の清国への返還要求、いわゆる「三国干渉」が行われた結果、日本はこれを清国へ返還することを余儀なくされたのである。こうして日清戦後の遼東半島領有は幻に終わったわけだが、この時期、日本が清国に承認させた遼東地区の租借地は、後にロシアが租借した地域と比較すると一回り広い広大な地域だった。日清講和条約によれば割譲地は、「鴨緑江口より該江を遡《さかのぼ》り安平河口に至り該河口より鳳凰城、海城、営口に亙り遼河口に至る折線以南の地併せて前記の各城市を包含す　而して遼河の中央を以て経界とすることと知るべし」とし、さらに「遼東湾東岸及黄海北岸に在って奉天省に属する諸島嶼」を含むとしていた（第二条）。それは、のちにロシアが清国から租借した地域の七倍の広さだった（藤村道生『日清戦争』、一六八頁）（次頁図参照）。

当時の日本が、この遼東地区をどう位置付けていたかは、明確ではない。しかし、北洋軍閥の雄であった李鴻章は、遼東半島の先端にある旅順の、軍港としての地理的優位性を認識して、この地の軍港建設を推し進め、山東半島の威海衛と遼東半島の旅順を渤海湾の入り口の南北の要として重視していたという。

「李鴻章は旅順の経営にかなり意を注いでいた。今の旧市街の民営署付近の地下に、人が通れる位の槌道《つちみち》を作って、之を水道としていたが、これは独逸から旅順港経営の顧問として雇い入れた技師ハイネツケンという男の計画であったと伝えられている」（米野豊実『満洲草分物語』、四四〇頁）のである。李鴻章は「ハイネツケンを聘《へい》して、大連湾の各所に砲台を築き、船梁を設け、柳樹屯の南部に水雪営を置く」（小此木壮介『だいれん物語』、二八六頁）ことで「旅順口は鉄壁であり、大連湾は鮫鰐《こうがく》の淵」（同書、二八七頁）と豪語したという。

しかし後の日露戦争時のロシア軍のように旅順を要塞化するまでには至っておらず、日清戦争時、日本軍は僅か数日で旅順占領を完了していた。そしてこのときに日本軍による旅順住民の虐殺事件が発生し、国際問題化していたことを留意する必要がある。アメリカの新聞「ワールド」が、この事件を大々的に取り上げたからである。

もっとも、これは、そのあと欧米側が大きな問題にしなかったことと、日本側が欧米宣伝機関を使ってもみ消しを図った結果、表面化せずに終わっているのである（佐谷眞木人『日清戦争』、七一—八二頁）。

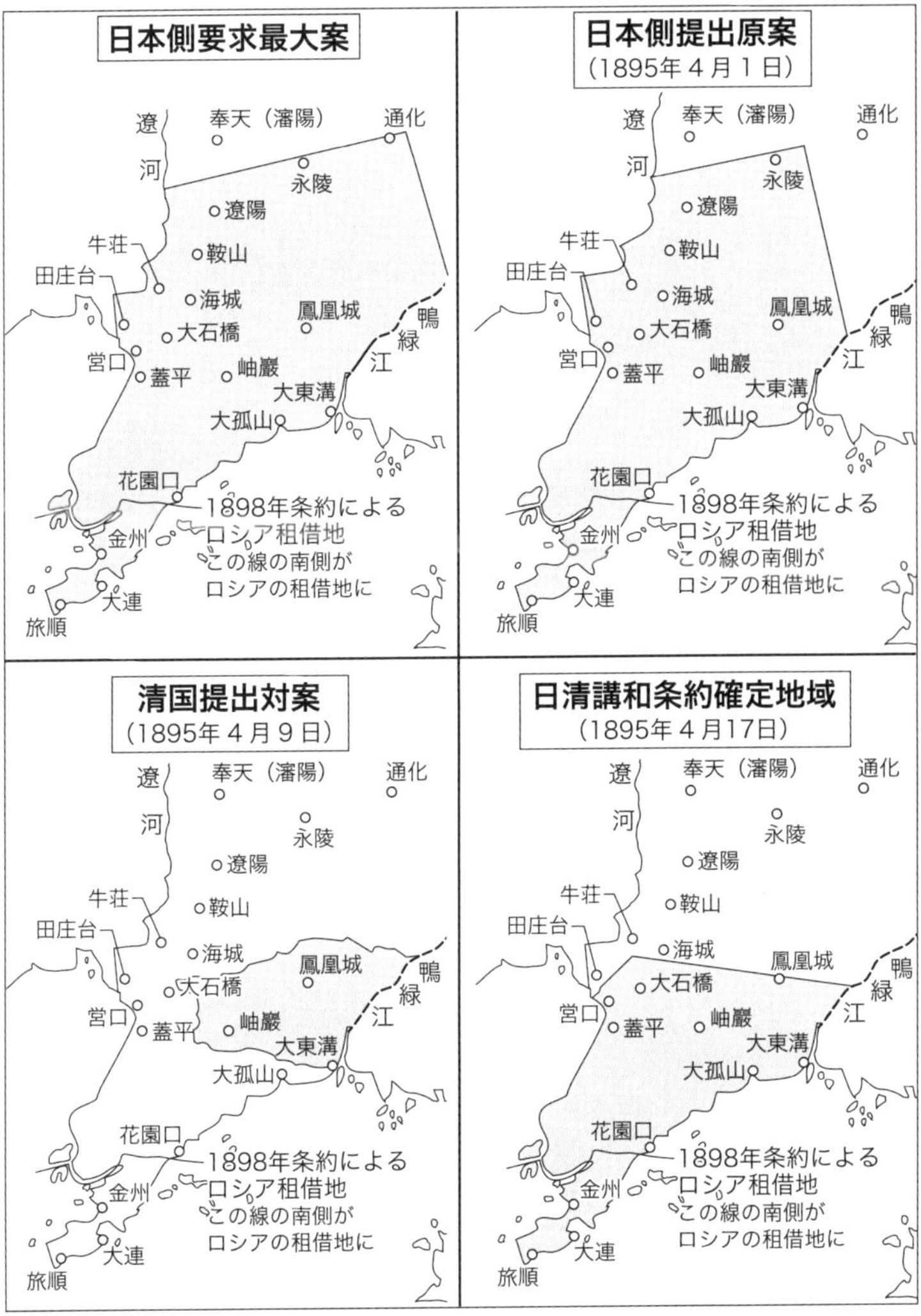

遼東半島割譲図
出典：藤村道生『日清戦争』岩波新書、1973年、158頁を基に作成

II

ロシアの膨張

——関東州の起源——

ロシアの遼東半島領有

話を再び日清戦争前後のロシアの動きに戻そう。一六八九年のネルチンスク条約でいったん止まったかに見えたロシアの南下政策は、一九世紀半ばのアヘン戦争とヨーロッパ各国の清国への侵略の試みと歩調を合わせて積極化する。ロシアは一八五八年の愛琿《あいぐん》条約で黒龍江左岸とスタノヴォイ山脈以南の沿海州地域を事実上領土化し、一八六〇年の北京条約でこれを中国に認めさせると同時に一八七三年以降ロシア極東の拠点港としてウラジオストック港の築港に着手する。

そして日清戦争後にロシアの南下政策は積極さを増す。ロシアは仏、独、ベルギーの経済支援を受けて一八九五年に設立された露清銀行の金融的支援を受けてロシアの運輸大臣、大蔵大臣を歴任したウイッテ主導で北米大陸横断鉄道であるカナダ太平洋鉄道に模して（麻田雅文『満蒙日露中の「最前線」』、三五―三七頁）一八九一年以降シベリア鉄道の建設を開始した。そして日清戦争後の一八九六年に中国の李鴻章とロシア外相ロバノフの間で東支鉄道建設協定が締結された。（時期により東清鉄道、東支鉄道、北満鉄道と称されるが、本書では煩雑さを避けるため以下、東支鉄道と表記を統一した）

この協定でロシアは、北満西端のマンチュリー（満洲里）から東端のポクラニチナヤ（綏芬河《すいふんが》）まで北満を東西に横断する東支鉄道敷設権を獲得した。協定の四か月後に締結された「東支鉄道建設及経営に関する契約」によって沿線地域がロシアの行政権が及ぶ附属地となった（越沢明『哈爾浜の都市計画　一八九八―一九四五』、一六―一八頁）。

さらに日本が下関条約締結直後に返還した遼東半島は第三国に譲渡せざるべし、とする日本の要求を退け、一八九七年のドイツの膠州湾《こうしゅうわん》占領を契機にロシアは旅順・大連租借の動きを積極化させ、一八九八年には旅順・大連租借権を獲得して、東支鉄道を南満にまで拡張した。ロシアが清国と結んだ租借条約は「旅順口大連湾租借条約」と称されたように、その租借期間は二五年、借地の範囲は、旅順・大連とその北方の金州地区に限定されており、日本が要求したものと比較するとその地域は狭小ではあったが、旅順、大連という要衝二港を含む地域をしっかりと押さえていた。

一方、一八九七年から始まった東支鉄道建設工事は、ハルビンから旅順に向けた南部線の建設を伴って進められた。いわばハルビンは、東支鉄道建設の東西南北の十字路として中心拠点となったのである。

ハルビンのロシア人の人口は、一九〇〇年夏の時点で約五〇〇〇〇人程度だったが、鉄道建設が進むと急速に増加し、鉄道関係や守備隊関係に家族を含めたロシア人の総勢は一九〇二年五月には四万人余に膨張した。ロシアは、数千万ルーブルの資金を投入して、この極東の最果ての地に教会、ホテル、劇場、公園、公衆浴場、消防団、職業訓練場を作り上げたのである（ディビッド・ウルフ「ハルビンとダーリニー（大連）の歴史―一八九八年から一九〇三年まで―」『岩波講座東アジア近現代通史』第二巻、七五―八二頁）。

東支鉄道建設途中の一九〇〇年に義和団事件が勃発、沿線地域が義和団の攻撃で損害を受けるとロシアは鉄道を防衛すると称して一五万の軍隊を満洲へ派遣した。こうして東支鉄道は一九〇一年に完成し、一九〇三年から稼働を開始した。

ロシアの満洲での都市建設の開始

この間ロシアは着々と鉄道建設と並行して都市建設を推し進めた。ロシアが重視したのは東支鉄道の中心都市のハルビンとそこから南部支線で南下した終点の大連・旅順であった。ロシアにとって、満洲の北の拠点がハルビンなら南の拠点は関東州の大連・旅順であった。ハルビンは、当初はスンガリ（松花江）市と称されていたが、鉄道建設隊の到着と敷設工事の進行とともにハルビン市に改称され、土地買収とともに一八九九年から荒れはてた松花江沿いの湿地の曠野《こうや》に街路、教会、病院、公園、鉄道管路局が割り振られ、それらの建設が開始された（越沢明『哈爾浜の都市計画　一八九八—一九四五』Ⅱ都市建設の始まり）。ハルビンの都市建設と同時に一八九八年以降旅順・大連の都市建設も開始された。

ロシアの旅順・大連の都市建設を含む関東州統治の概要は、「千九百年千九百一年に於ける関東州統治状況に関する『アレクセーフ』総督の上奏文」に詳しい。エヴゲーニイ・アレクセーエフは、ロシア帝国海軍軍人で、艦隊司令官を歴任、太平洋艦隊司令官・関東州総督としてロシア対日強硬派軍人の一人として活動した。ここでは、その彼の皇帝への「上奏文」を基に関東州統治概要を見ておこう。

ロシアの本格的な関東州統治は一八九九年八月、勅裁に係る「仮関東州統治規則」に始まるという。それ以前は軍政部と旅順民政管区が管掌し、軍政部は部長、助役、書記をもって、旅順民政管区は管区長、助役、書記、警察長、旅順と大連の警視をもって統治されていた。一八九九年に「仮関東州統治規則」が制定されると同年一二月にアレクセーエフが関東州総督として旅順に到着、その後は彼の下で本格的統治が開始された。

まず、関東州は、貔子窩《ひしか》、亮甲店、金州、旅順、大連・島嶼の五つの行政区に分けられた。そして各行政区は、以下連合村、村会、村屯へと細分化された下部組織を有していた。一例を旅順にとれば、旅順特別区は、四つの連合村から成り、そのもとに一二の村会があり、三七四の村屯から構成されていた。そして連合村には、連合村村長が、村会には村会長が、村屯には村長がそれぞれ配置された。連合村長には、「地方民の尊敬と信用を有し名誉ある」（「千九百年千九百一年に於ける関東州統治状況に関する「アレクセーフ」総督の上奏文」『満洲軍政史』八、八六七頁）中国人が就任した。連合村長と村会長は、有給だった。

他方、旅順、大連湾・貔子窩、金州、青泥窪《チンニーワー》の四つの市には各都市ごとに多少の違いはあるが、ロシア人官吏と警察官、それに中国人補助者からなる統治機構が作られ、これと並行して陸海軍、財政部、東支鉄道、市病院、市警察の代表からなる市会が組織され市政が協議された（同書、八六八—八七九頁）。

旅順の要塞都市設計の進行

アレクセーエフの「上奏文」を読み続けよう（前掲、八七一頁以下）。彼の言によれば、旅順の都市設計は、当初、湾の東側の旧市街地に新都市を造る案もあったが、防備、衛生などに問題が多いので、これを断念し、湾の西側の原野に新都市を建設することとした、という。

そして、まず新市街の給水問題を解決するために水道と貯水池を設け、ロシア人居住地域を設定し、東方の高台に寺院と総督官舎を準備した。市の中央部には広場を囲んで陸海軍将校集会所や劇場、ホテル、音楽堂を配置し、市の中心と市の東に位置する寺院や総督官舎との間にはいく条かの並木道を伴う街路を作った。

彼らは立派な音楽堂を旅順だけで三つも作ろうと考えていたという。音楽を楽しむ民族性が都市建設にも表れている。そして旅順を取り囲むように連なる山並みには港を防備するための要塞群が設けられ、それが防備の要をなした。市街地建設と時期を同じくして港湾建築と要塞建築が進行した。

日清戦争前にすでに李鴻章の手で北洋艦隊基地としての軍港建設は進められてはいたが、ロシアはそれを数倍上回る規模で工事を進行させた。日露戦争開戦直前の一九〇三年六月に日本を訪問したロシアの陸軍大臣クロパトキンは、日清戦争時に日本軍が旅順をたやすく攻略したと聞いて、「ああ、あの清国の時代の旅順か、あれはもう地図にはない。いま、地図にあるのは難攻不落のわがロシア帝国の旅順ですぞ」と豪語したという（半藤一利『日露戦争史』一、一四四頁）。

大連の都市建設の進行

旅順の軍港化とともに大連の都市建設も同時進行した。「その規模の宏大なる、その設計の周到なる、広漠たる北満の平野に、極東の巴里《パリ》とも称せらるゝ処の大哈爾浜《ハルビン》市を建設したる露国としては、大連の港湾と、その市街計画には殆ど日本人の想像し得ないものがあった」（『大連市史』、四頁）という。中国名で青泥窪と称されていた地を一八九九年ロシアはダルニーと称し、「大蔵大臣に隷属する特殊の行政区」（『満洲軍政史』八、八七八頁）として、東支鉄道技師長のサハロフがその建設に当たり、「其都市建設の模範を仏都巴里に取り、規模を縮小したもので、即ち市の中央に数個の大広場を作り、之より大街を八方に放射せしめ、この大街を連ねて広場を中心に円形を描く輪の如き大中小街を作らんとした」（大連市『大連市史』、一二二頁）。

旅順は前述したようにアレクセーエフが指揮を執って要塞都市を作り上げたが、大連はシベリア鉄道建設を推し進めた運輸大臣、財務大臣を歴任したウイッテのもとサハロフが中心となって都市建設が進められた（同書、一二三頁）。中央広場は皇帝の名を取って「ニコライェフスカヤ広場」と命名され、ここを中心に放射線状に大路が開かれた。

市街は銀行、会社、商店が軒を連ねる商店区、市役所、中下級職員住宅が密集する府民区、富豪が屋敷を構える閑静な邸宅区に分かれ、モスクワ通り、キーフ通り、ペテルブルグ海岸通りなどがこれらの商店区、府民区、邸宅区を結んでいた（戸水寛人『東亜旅行談』）（地図参照）。埠頭と鉄道と倉庫は一九〇二年一二月に完成した。東支鉄道汽船部は一九〇一年一一月に本部を旅順から大連に移転させた（大連市『大連市史』、一六〇―一七二頁）。

一八九九年から一九〇三年の第一期建設工事では、埠頭には一〇〇〇トン級の船舶が二〇隻同時に繋泊可能で、各埠頭ごとにその付属施設や倉庫、貨物用の引込線が敷かれ、東支鉄道本線へとつながるように設計されていた。また一九〇四年から始まる第二期建設工事では埠頭規模はさらに拡張され、一〇〇隻の一〇〇〇トン級商船の同時繋泊が可能で、年間五〇〇万トンの貨物取り扱いが可能なように計画されていた（大連市『大連市史』、六七七頁）。もっとも実際には第一期建設工事の竣工と同時に日露戦争が勃発したため、ロシアの大連建設工事は第一期をもって終わりを迎えることとなった。

関東州に集中する中国人労働者

ロシア軍の城塞建築には多くの中国人労働者が動員された。アレクセーエフは、皇帝への報告書の中で次のように書いている。「外来の土人は主として天津附近及び山東省より来住せるものなりと雖《いえど》も之が統計的説明を与うることは頗《すこぶ》る難事に属す蓋《けだ》し彼等外来土人の数は関東州内に於ける土木工事の多少並に彼等に近き清国領土に於ける経済的状態の遷移に依り変転極まりなく之概言すれば冬季は外来者の数を減じ夏季に至りて著しく増加するものと謂《い》うを得べし

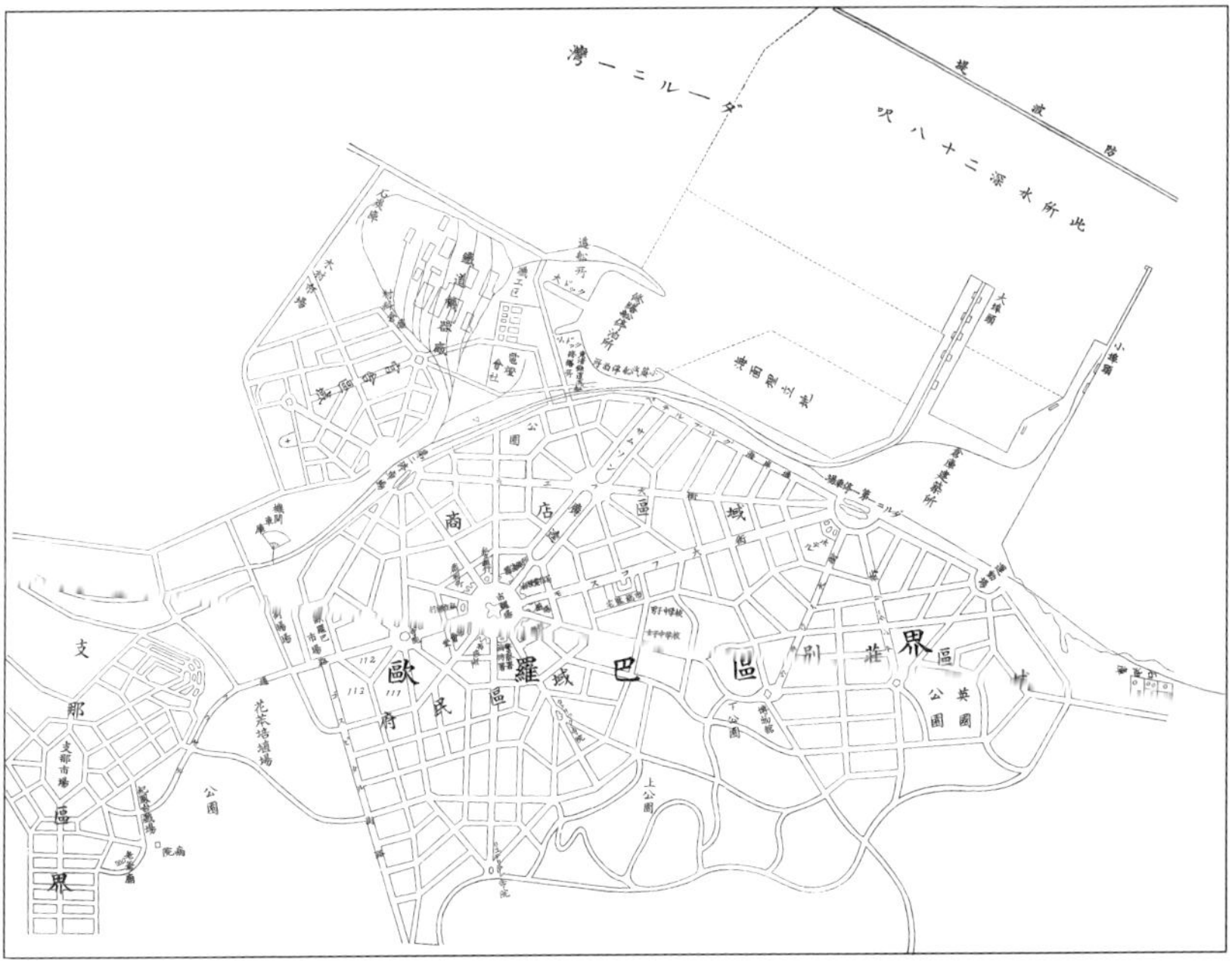

大連の都市建設
出典：戸水寛人『東亜旅行談』有斐閣書房、1903年に描かれた大連都市建設図

今試み其概算を示せば旅順市約五千人、青泥窪市約一万一千人其他鉄道沿線に於いても約八千人とす然れども是等概算は何れも土木工事の繁多なるに従い著しく其数を増加するや勿論なりとす」（『満洲軍政史』八、八八一頁）。

ここでいう「土人」とは中国人を指すのだが、彼らの労働力なかりせば城塞構築が不可能だったことを物語っている。また、旅順や大連の近郊のみならず天津や山東省から就業機会を求めて多数の移民が押し寄せたことを示唆している。山東省、河北省からの場合には海路は龍口、芝罘《しふう》、天津、青島から大連へ、陸路は鉄道もしくは徒歩で移動してきた（王紅艶『「満洲国」労工の史的研究』、二三―二四頁）。またジャンクを使って山東省から旅順や大連を目指した労働者も多かったという。その点に関してアレクセーエフは以下のように記述している。やや長くなるが引用しておこう。

「外来住民中の多数は主として旅順及青泥窪市の設計陸海軍部其他鉄道線路に於ける工事に従事せるものを以て成り是等労働者の大半は芝罘より旅順及青泥窪に向かって集中し其他若干の員数は吃水浅き『ジャンク』の出入に便なる港湾に於いて上陸するものあり前記労働者の往復は春夏秋冬四季に跨り敢て間断あることなし従って是等労働者の運搬は汽船若しくは『ジャンク』の所有主をして少なからざる収入の基礎を確立せしむるに至り彼等船舶所有者は芝罘と州内に於ける諸港湾間との航海業を継続し甚だしきに至りては支那労働者の輸送を以て専業とする者あり而して漸次輸送の増加を計るに従い自ら其営業的手段を改良し無資力者に対しては特に帰途二倍の賃金を支払うべき条件を約し芝罘出航に方《あた》りては何等運賃を受け取ることなく乗

船せしむべき便宜を与え以て彼等の関東州に向けての出稼を遂行せしむ蓋し是等労働者に対する船舶所有者の信用は一見頗《すこぶ》る危険なるものの如しと雖も其実際に至りては何れも単に短期間に於ける目的を以て労働に従事し工賃を受け取ると共に必ず其郷里に帰還するが故に毫《ごう》も損失を来すことなきものとす」（『満洲軍政史』八、八八一―八八二頁）。

アレクセーエフから見れば往路の船賃はただで、復路で回収するというのは頗る危険な賭けのように見えたのだろうが、当時の中国の出稼ぎ労働者の移動は、苦力《クーリー》頭の監督下で行われることが多かった。鉄道港湾工事では、苦力頭は「配下苦力の募集、収容乃至解散は勿論、作業の指導、訓練、賃金前貸、清算等総てに亙り自己の権限に於て自己若しくは代理者をして行わしめる」（武居郷一『満洲の労働と労働政策』一七二頁）絶対的権限を有していた。

移住者は砂の如き「個人」に見えながら、実は把頭《はとう》という人夫頭が差配する組織に所属して移動していたのであって、把頭は一方で賃金の上前をはねながら他方では配下の人夫を管理監督していたのである。したがって船主は、個人と契約しているように見えながら実は把頭と契約していたわけで、船賃を取りはぐれることは把頭が介在する限り、ほとんどありえなかった。

中国人ロシア事業請負者

こうした把頭の上に君臨し、ロシアの建設事業を一手に引き受けた中国人事業者の代表は紀鳳台と、徳和号の張徳禄の二人だった（麻田雅文「華商紀鳳台―ロシア帝国における『跨境者』の一例」北海道大学スラブ研究センター監修、松里公孝編『講座スラブ・ユーラシア学』第三巻）。

彼らは、中国人労務者の募集、就業を斡旋してロシア軍の事業に協力した。なかでも親露派の中国人として中国人労工の募集と統括に活躍したのは紀鳳台だった。彼の出身や素性の詳細は明らかではない。山東省登州府黄県出身だといわれている。ウラジオストックで学業を終えハバロフスクへ移り住むと商業活動を展開し貴金属や茶、毛皮を扱う商人としてハバロフスクを拠点に財をなし、ロシア語を学び通訳の役をこなしながらロシア軍将校と親交を結び一八九五年からウラジオストック・ハバロフスク間の鉄道工事で中国人苦力募集の統括者として活躍した。

紀は一八九三年ロシア正教への改宗と剪辮《せんべん》を済ませ、ロシアへの帰化を果たしている。その後彼は親露派の代表的業者として東支鉄道の建設では、労工募集や管理に活躍した。彼の協力なくしてロシアは鉄道建設、都市建設は不可能だったであろう。日露戦争が勃発すると彼は「露探」（ロシアのスパイ）として日本軍からは死刑の宣告を受けて「お尋ね者」となったが、北満の地からロシアへ脱出した。一九一〇年、彼はサンクトペテルブルグで死去している（同書）。

紀鳳台はロシア官憲に取り入って「大仕掛けに仕事をしていた丈《だ》けに、その儲け高も素晴らしかった」（『満洲草分物語』、四九九頁）という。彼が満洲に残した建物で、大連の伏見台劇場は戦前に紀鳳台がロシア軍の劇場として献納したものであったし、大連中央郵便局などの建物は元を言えば彼らの所有物だった（同書）。彼は「一切のブローカーを司りとにかく露国官庁の建物以外は悉《ことごと》く彼の所有物と見做されていたほど、絶大な勢力を扶植していた」（小此木壮介『だいれん物語』、四八頁）のである。

ロシアによる中国人抗露勢力の駆逐

ロシアが遼東半島を支配した一八九九年から一九〇四年までの間、アレクセーエフを悩ませた問題の一つが「馬賊」と称された中国人の抗露勢力だった。アレクセーエフは以下のごとく記す。彼らは「徒党を成し其徒党は相互に連絡を有し行動す」。ところが「官憲は彼等を防御する為に何等の方法をも執ることなし」、住民はこれらに抵抗するのではなく「若干の出金をなすも之が災害を免れんことを得策とする有様なり」と。しかし、旅順や大連のロシアの工事現場の労働者は「馬賊」の被害を受け続けている状況にあったがゆえにアレクセーエフも無視できなかったのだろう（『満洲軍政史』八、九二二頁）。

しかも、こうした治安の悪化は、陸上のみならず海上でも発生した。海上を移動する船舶がしばしばこうした「海賊」の襲撃を受けたからである。アレクセーエフは、この海賊対策としては「小蒸気船を注文」して「島嶼の防御をなさしめる」（『満洲軍政史』八、九二四頁）策を講じたが、効果はさほど大きくはなかったという。こうした抗露勢力の存在が、日露戦争の動向に有形無形の影響を与えていったことは言うまでもない。

開戦直前の旅順

開戦直前の満洲在住日本人は約三〇〇〇人といわれ（『満洲開拓史』一頁、原典は入江寅次『邦人海外発展史』）、ロシアの最重要軍事拠点だった旅順にも日本人が残留していた。

ロシア統治下の旅順市役所の一九〇四年一月の調査によれば、その数は、男子三三九人、女子三一六人、小児二三人の合計六七八人だったという。日本人の職業の内訳をみると、男子は商人六五人、石工三五人、その他職工五〇人、運搬業一六人、自由職業一八人、その他の職業一一〇人。女子は娼婦二〇一人、婢僕四二人、商人二人、職工五人でこのほかに無職の男子二一人、となっていた（『満洲草分物語』、四三八頁）。一九〇二年九月から一一月にかけて東京帝国大学法科大学教授で、「対露強硬論」を主張した「七博士意見書」提唱者の一人で、日本によるバイカル湖以東の占領を主張し「バイカル博士」の異名をとる戸水寛人《とみずひろんど》は、日露開戦直前のハルビン、旅順、ダルニーを視察している。

旅順にはわずか一日滞在したにすぎなかったが、日本人の人口は男子三三五人、女子二五五人で合計五九〇人、届け出ていない者もいるので推定七〇〇人程度とし、職業としては雑貨商が最多で、以下金属細工、時計屋、理髪店、洗濯屋と続いていた（戸水寛人『東亜旅行談』、一三八―一四〇頁）。

そして、旅順は、「新市街地の出来ました当時欧羅把人の居住す可き部分と支那人の居住す可き部分を区別して支那人を不便な場所に駆逐して仕舞うことに定めました　昨年以来支那人は其不便な場所に家屋を建築して見ましたが何分其商売が繁昌せないと云うことです　日本人は欧人市街にも支那人市街にも居住することが出来るのですが支那人市街に行けば商売が繁昌せず欧人市街に行けば家賃が高く之には頗る閉口している」（同書、一四一頁）とも記していた。

商売に従事する日本人もいたであろうが、おそらく、こうしたなかには職人や娼婦に扮してロシア軍の動向や要塞建設状況をつぶさに観察し日本軍に通報していたスパイが混ざっていたであろうことは疑いない。宣教師クリスティーは、こんな逸話を紹介している。日露戦争中奉天にいたクリスティーは、ロシア軍の総司令部に床屋として出入りしていた中国人は、実は日本のスパイで、同じ総司令部のなかで働くボーイや給仕に扮したスパイと共にロシア軍の情報を日本側に流し続けたという。「この様な方法で、ロシア軍の内部には周到に組織された日本軍の特別任務が行き渡って居り、新屯地経由の飛脚で日本の総司令部と連絡していた」（クリスティー、矢内原忠雄訳『奉天三十年』下、二四六頁）。

クリスティーの言を俟《ま》つまでもなく、日露開戦を前に日本人スパイは、あるいは写真屋として、あるいは洗濯屋として、またあるいは僧侶として、密命を帯び東北各地に潜入していた。陸軍軍人だった石光真清《いしみつまきよ》は、その一人だった。彼は、ハルビンで写真館を立ち上げ、ロシア軍人の信頼を獲得して、ロシア軍御用写真家として将兵だけでなく、鉄道建設現場、軍事施設の写真撮影を任されて、極秘のうちにそれらの写真を日本陸軍参謀本部へ送っていた（石光真清『曠野の花』、三二七―三九〇頁）。

むろん、ロシア軍も警戒はしていたのだろうが、ロシア側は、日本人にはいたって寛容だったようで、日本人を厳しく取り締まるということはなかったようだ。

日露開戦を前に満洲を引き揚げる日本人に対して別宴などを張って別れを惜しんだり、家財を処分する日本人に多くのロシア人が駆けつけてそれを購入したりといった具合で、引き揚げる日本人が大儲けをした、といった話も生まれていた。ロシア人は、まさか、旅順が日本軍に包囲されて陥落するということは全く予想していなかった、というのだ（米野豊実『満洲草分物語』、四五〇―四五一頁）。

露軍の関東州要塞化の問題点

一九〇四年三月から九月まで第二軍に従軍して関東州の戦場を従軍記者としてめぐった作家の田山花袋《たやまかたい》は、戦場となった関東州について日記を残している。五月初頭に彼は第二軍の将兵とともに遼東半島の塩大墺《えんたいおう》に上陸、その後、金州、南山の戦闘を経験するが、「南山は悉く堡塁と言って好い位。その掩壕の脈々として幾段階にもなって鉢巻して居るのが辛うじて眼に映る。扇子山の司令塔らしい高い処には、高い家屋が一つ見えて、その前にも確かに堡塁」（田山花袋「第二軍従征日記」『定本花袋全集』第二五巻、一一七頁）が見え、厳重に防備されていた。ここを突撃で一角を崩して占領した日本軍は、大連へと進んだ。南山から大連まではさしたる要塞陣地は構築されていなかった。南山は遼東半島先端の旅順、大連と奉天、ハルビンを結ぶ東支鉄道が遼東半島の最も狭い地域を走り抜ける狭路に位置しており、ここを防衛することはハルビン、旅順の生命線を保持するうえで死活の地点だったのである。そしてロシア軍は、南山要塞は日本軍の攻撃で短期間に撃破されるであろうとは予想していなかった。

南山の要塞を突破されることで、旅順要塞はその外郭防衛陣地を崩されて一挙に日本軍の包囲を受けることとなるわけだが、この点に関してイギリス陸軍の観戦武官だったイヤン・ハミルトンは「旅順要塞観」のなかで次のように述べている。「露軍の誤りは、二百三高地の如き要点を含める外圏の完成を先とせざるべからざるに、順序を逆にし内圏の修築より初めたるにあり」(『日露観戦雑記』、三五七頁)と。

ハミルトンは、南山要塞の構築に関しても一言述べている。曰く「南山を要害の地というはシーザー時代、若しくは降つてウエリントン時代ならば或いは然りということを得ん。而も防御者の側に制海権ありて、初めて斯くいうことを得るなり」(同書、三六六頁)。

多くの読者は、日露戦争前の露軍の完璧な旅順要塞化を語るを聞くだろうが、実は旅順・大連を囲む地域の要塞化や、あるいは南山の如き半島のくびれた地域での海上からの攻撃に関しては彼らが全く考慮していなかったことを指摘する必要があろう。事実、南山要塞は、日本の海上からの艦砲射撃で要塞は破壊され、そこを突破口に日本軍は南山要塞制覇を成功させたからである。

旅順駅と南山・大連

現存する旅順駅もかつて旅順がロシアの手で切り開かれたことを証明してくれる好例である。ロシア正教の教会の尖塔を連想させる屋根のつくりは、それを示しているし、木枠で覆われた駅舎の壁は、これまたロシア時代の面影を色濃く残している。一九〇三年に建設されたが、この駅も多くの歴史に残る著名人が利用した。

この駅ができてから一年足らずで日露戦争が始まったが、関東州に住んでいたロシア人は、まさか日本軍がロシア軍を駆逐して旅順要塞に迫るなどということは想像もしていなかった。だから日本軍が旅順に迫ることを知ったロシア人は、大慌てで家を捨てて旅順要塞へ逃げ込んだのである。

石光真清は、『望郷の歌』（中公文庫、一九七九年）のなかで、大連のロシア人家族が、食事の後片付けもせぬまま旅順へ大急ぎで逃げ込んだ様を記述している。石光は、日露戦争前にハルビンで写真館を開きながら対露スパイ活動を展開し、大連にも写真館を開いてスパイ活動を展開していたが、開戦後日本に引き揚げると同時に今度は陸軍に召集されて第二軍司令部副官として南山に上陸、激戦の末ロシア軍を撃破、旅順へと敗走させた。南山は大連湾と金州湾が入り込む遼東半島のくびれた地域である。ここを押さえれば巾着をひもで縛るようなもので旅順は袋の鼠となる。石光は、撤退するロシア軍を追って大連に入りかつてのスパイ拠点の写真館を訪れると同時に、かつて交際があった隣家のロシア人イワノフの家を訪問する。しかし、そこには彼らはいない。
「ノックに応ずる声はなかった。思い切って広間のドアを排して入ると、食卓の上には飲みかけの紅茶と食べかけのパンなどがスプーンやナイフなどとともに散らばっていて、家人が去ってから間もないことを示していた。炊事場には料理しかけた野菜が残っていたが、それも新鮮であった。おそらく大連の全市民は、ロシア軍を信頼して平常通りの暮らしを続けていたのであろう。そして意外にも昨夜ロシア軍が南山から旅順に退却してきたときに、軍の指導でロシア市民は旅順要塞内に引揚げたのである。この家内の情況から判断すると、南山が陥落するとは思っていなかったに違いない。日本軍が、南山の守りをあのように堅固であるとは考えなかったように、ロシア軍もまた、日本軍があのように犠牲を顧みずに性急な肉弾戦を敢行し続けるとは思っていなかったのであろう」(二四―二五頁)。

日露開戦時の予想せざる事態の進展を前に混乱したロシア住民の姿が描かれているが、それから約四〇年後の一九四五年八月、今度はソ連軍の開戦を前に国境周辺の

旅順駅をホームの先端から写す

日本人は大慌てで食事の準備もそのままに「食卓上」に食器を残したまま急ぎ退避する羽目になる。

南山古戦場

南山の古戦場は今は当時の面影を消し去って小高い丘としてビルの谷間に溶け込んでいる。当時は強靱に構築された露軍要塞陣地はなかなか抜けず、日本軍は、金州湾に回り込んだ海軍の砲艦の砲撃で陣地を打ち砕きその隙間から槍を打ち込むように穴をこじ開けてこの堅陣を突破したという。

この古戦場に来て舗装された道を上ってみると南山の丘のてっぺんに「山川草木転荒涼」で始まる乃木希典《のぎまれすけ》の漢詩が刻まれた石碑はなく、その台座が残っているだけである。石碑そのものは、旅順監獄の博物館のなかに保管されている。この激戦の地の南山で乃木希典の長男勝典《かつすけ》は戦死している。

南山が占領されればもはや旅順は袋の鼠である。ロシア人高官たちは日本軍の捕虜になることを恐れてこの旅順駅から北方ハルビンに向けて決死の脱出を試みた。日本軍はここ南山で旅順から北に向かう線路を爆破しようとしたその時、ロシアの列車が猛スピードで近づいてきた。汽車に向かって射撃を開始する日本軍の前を二〇両近い列車は赤十字の旗を出しながら日本軍の射撃を避けて走りぬけて行った。その列車にはロシア極東総督アレクセーエフほか主だったロシアの旅順の総督府のスタッフが乗り込んでいた（原田勝正『満鉄』、一〇―一一頁）。急を要した脱出劇だっただけに、あわただしく脱出したぶん、出発に際して軍楽隊が総督の旅順脱出の無事を祈って歓送の演奏などするゆとりもないままにひそかに誰に見送られることもなく駅を離れたに相違ない。今では、それを記した記録は残されていない。

[右]旅順監獄の博物館のなかに保管されている「山川草木転荒涼」で始まる乃木希典の漢詩が刻まれた石碑
[左]南山激戦地跡
乃木の碑の台座のみ残されている

　他方、ロシア高官たちとは逆に大連から急きょ脱出したロシア人イワノフ一家は、おそらく旅順駅についてひとまずほっとしてこの駅の改札口を潜り抜けたに相違ないが、この一家がその後どうなったかは不明である。

III

日露戦争の展開と関東州の変化

日露戦争の展開

著者は、すでに日露戦争の開始の時期にまで筆を進めてしまったが、ここで改めて日露戦争の展開を見ておくこととしよう。

日露戦争の陸戦を大きく分ければ、攻城戦と野戦に分けられる。日本軍は第一軍から第四軍まで編成してロシア軍に対したが、旅順攻城戦を担当したのが乃木希典率いる第三軍で、残りは、日本軍を誘い込むように後退を続けるロシア軍を追って満洲の平原で野戦をくり広げたのである。以下で、この戦争の展開の概観を簡単に跡付けておくこととしよう。

日露戦争が勃発したのが一九〇四年二月一〇日である。大本営は二月に黒木為楨《ためもと》率いる第一軍三個師団が鎮南浦に上陸、北上を開始すると五月には奥保鞏《やすかた》を司令官とする第二軍四個師団に砲兵旅団がついて遼東半島の塩大澳に上陸した。

彼らは、南山にロシア軍が築いた堅陣を数日で抜いた後、旅順へ撤退するロシア軍の追撃と旅順攻撃は乃木軍に任せて、奉天に向けて後退するロシア軍主力を追って北上を開始していた。

五月末には乃木希典を指揮官に二個師団で編成された第三軍が組織され、南山からダルニー(日本軍占領後は大連と命名される)そして旅順へと遼東半島を南下して旅順攻略に向かった。六月には第一、第二軍を連携して両軍の中間を北上すべく二個師団、一旅団編成の第四軍が組織されている。途中で第三軍に一個師団が追加されるが、これによって合計一二個師団を超える兵力

ロシア
清
満洲
ウラジオストック
会寧
奉天
鴨
鏡城
沙河
緑
遼陽
江
北
韓
軍
咸興
義州
安東
鴨
緑
江
軍
遼東
半島
大孤山
平壌
元山
日本海
鎮南浦
大連
旅順
日本海海戦
漢城
仁川
威海衛
大韓帝国
日本艦隊
バルチック艦隊
山東半島
釜山
鎮海
日本
黄海
対馬
下関
日本軍進路

日露戦争図

が前線に投入されたわけで、内地に残るのは僅か二個師団だけという状況に陥った。陸戦は、満洲平野を北上する第一軍、第二軍、第四軍と一九〇五年一月に編成され奉天へ向かった鴨緑江軍を合した日本軍とクロパトキン率いる露軍との野戦と、日本の第三軍とステッセル率いる旅順要塞守備軍との攻城戦であった。

すでに一九〇四年一〇月には旅順の露艦隊と合流するためバルト海のリバウ港からバルチック艦隊は出港して極東海域に向かっており、日本軍はロシア艦隊の合流を阻止するために早急に旅順を陥落させる必要があり、逆に露軍は、合流を可能にするため籠城を維持する必要があった。

しかし、一九〇四年一二月、犠牲を顧みぬ数波にわたる第三軍の猛攻の前に戦略拠点の二〇三高地が日本軍の手に落ち、ここから打ち下ろす日本軍の砲撃により旅順港の露艦隊は壊滅的打撃を受けた。続けて一九〇五年一月初頭、ついに旅順要塞は陥落した。

その後、第三軍は、急遽旅順から第一、第二軍と合流するため北上した。すでに〇四年七月から遼陽で、一〇月には沙河で日露両軍は干戈を交え、露軍は後退し、翌〇五年二月に奉天で陣容を整え決戦を準備していた。

そこに旅順攻撃を終了した第三軍が合流、日露の総力を挙げた決戦が展開された。日本軍二五万、露軍二九万、双方合して五四万の軍勢が激突、一進一退の攻防を続けたが、作戦の巧妙さ、士気の高さで日本軍が勝り、露軍は撤退を余儀なくされた。そして一九〇五年五月、バルチック艦隊が対馬洋上に姿を見せた。満を持していた東郷平八郎率いる連合艦隊がこれを撃破し、陸海ともに勝利することをきっかけにアメリカの仲裁でポーツマスでの講和への道が切り開かれたのである（横手慎二『日露戦争史』、山田朗『世界史の中の日露戦争』、海野福寿『日清・日露戦争』）。

戦場と化した関東州

日露戦争中の旅順、大連地区は、激戦地となり、荒廃も極致に達した。ロシア人が居住し、南山陥落とともに急いで旅順要塞へ逃げ込んだ大連市内は、撤退するロシア軍による橋梁や建物の破壊工作に加え、住民の掠奪行為により徹底的に破壊された（『満洲軍政史』七、一四七―一四九頁）。南山陥落後は、露国兵士や憲兵が旅順に撤退した結果「大連は全く無政府の状態に陥り」、露軍の撤収時の破壊工作と中国人の略奪行為により大連「市は惨憺たる光景」（同書、二三四頁）を呈した。

従軍記者だった田山花袋は、ロシア軍が撤退した後の日本軍占領直後の大連に入っている。田山は、戦火で破壊され、荒れ果てた大連の街を描写している。「露国が全力を挙げて計画したらしい築港のさまが一歩毎に其前に顕れ出して、人造石で埠頭を固めた壮大なる規模は、実に人をして驚嘆せしむるばかり、海は勿論浚渫《しゅんせつ》して如何なる大船舶も横附けにすることが出来るようになって居るし、汽車のレールは埠頭の尽頭まで延長して荷物の積卸の使に供されてあるし、日本にもこの位の港は一寸あるまいと思われたので、けれどこの埠頭、この汽車線路、これも敵が大破壊を加えて居て、現に、其海岸に埋設してあった地雷を工兵が頻りに発掘して居るのを見た」（田山花袋「第二軍従征日記」『定本花袋全集』第二五巻、一六五頁）という。

その後、占領地行政が本格化する中で、一九〇四年七月には戦時鉄道を運行させる野戦鉄道提理部が組織され、その傭員が大連に到着しロシア式の五フィート軌道は日本の三フィート六インチに修正される作業が開始されている（大連市『大連市史』、二〇九頁）。

特に一年近くにわたって攻防を続けた旅順の破壊はすさまじいものがあった。「露国が孜々《しし》として経営したる旅順の地も戦況の進むに従い攻囲軍が近く四囲の砲台を占領して砲弾を雨注したる結果昨繁栄を夢みたる商業は萎縮し壮観なりし家屋は破壊せられ全市数千の建物一として其惨害を蒙《こうむ》らざるものなく一見何等の破損をうけざるが如き旧市街の中央に在る露国赤十字病院すら屋蓋に三千有余個の弾痕を留むるに至れり其惨状想見すべし」（『満洲軍政史』八、五九三頁）という状況だった。

旅順攻防戦の結果、旅順の街だけでなく、戦前整備されていた旅順港も破壊され、ロシア艦隊が停泊していた旅順西港は双方が打ち出す砲弾がまき散らす土砂に埋まり浅くなってしまったというのだ（米野豊実『満洲草分物語』、四四二頁）。

また、観戦武官だったイギリス軍のイアン・ハミルトンは、激戦の二〇三高地を一瞥し、「山の自然形は惨烈なる人為手段に依って殆ど見る影もなきまでに変更され、砲弾銃丸に一面を荒されて草一葉の枯れたるさえもなし。満目これ修羅の鬼界にして、この感想を和らぐるものとては何一つ眼に入らず」（『日露観戦雑記』、三五五頁）と記していた。戦争で破壊されつくした荒涼たる風景が一面に広がっていたことが想像される。

娘子軍・軍夫の進出

日露戦争が終了した後の関東州に関して、クリスティーは次のように書いている。

「平和になると共に、日本国民中の最も低級な、最も望ましくない部分の群集が入って来た。支那人は引きつづいて前通り苦しみ、失望は彼らの憤懣《ふんまん》をますます強からしめた。戦争が終わった今、居残った多くの低級な普通民から、引きつづき不正と搾取を受ける理由を彼らは解しなかった。ある一人が言った如く、『ロシア人は、時には我々の財産を只で取り上げるが、それよりも、その値の四倍も払うことの方が多い。日本人は何でも金を払うと言うが、実際の価値の四分の一も呉れることはない』」（『奉天三十年』下、二六四頁）

たしかに旅順開城直後は、約六〇〇〇人のロシア人が立ち去り、逆に六〇〇〇人の中国人が入り込み、約一万五〇〇〇人の傷病兵と二七〇〇人のロシア衛生部員が残留したという（『満洲軍政史』八、六八〇頁）。町全体で戦場気分が抜けず、日本軍決死隊の生き残りが街を徘徊し、多数の娘子軍《じょうしぐん》（娼婦の集団）が一時避難していた芝罘などから密航して侵入し（大連市『大連市史』、二三七頁）春を鬻《ひさ》ぎに街に乗り込んできて客引きをする、といった殺伐とした雰囲気が充満していた。

一九〇五年一月から徐々に三井物産をはじめとする商社が進出（同書、二五五頁）、ロシア人が住んでいた空き家の壁から日本人軍夫がロシアの二〇ルーブル金貨四〇枚を掘りあてた、といった話や、刹那的に一夜の快楽を求めて散財する男たちのご祝儀で、中居は夜に帯を解いてみると帯の間から一〇円札の吹雪が舞い、その額は毎晩一〇〇円を下らなかった、といった話など、退廃した雰囲気の中で威勢のいい話が充満していた（米野豊実『満洲草分物語』、四七五頁）。

戦後に満洲に踏みとどまった人物の一人に戦前ハルビンで写真館を構えて対露スパイ活動を展開し、戦時中は満洲軍第二軍司令部付き副官として活動した前述の石光真清がいる。彼も日露戦後にいったんは凱旋するが、すぐに満洲に舞い戻っている。

しかし、戦後の満洲では日本人があふれ、日本軍人は勝者風を吹かせて威張り、傍若無人の立ち居振る舞いをするなかで、志した商売もうまくいかないままに嫌気がさして「手ぶらで失意の身」（『望郷の歌』、二〇二頁）で日本へと戻った。

冒険的な中小企業者の進出

一攫千金を夢見る冒険的な中小企業主たちもまだ硝煙の臭いも消えない大連の町に進出してきた。

一九〇四年六月と九月に大連を訪れた田山花袋は、わずか三か月の間に変身した大連に驚きの言葉を残していた。「青泥窪は三月前に来た時とは大違い、昨夜既に電灯のきらめきと車馬の陸続たるとに驚いたが、今朝目覚めて見ると、四近は皆店を開いて、其繁華なること、丸で横浜か神戸にでも行ったよう」（田山花袋「第二軍従征日記」『定本花袋全集』第二五巻、三六三頁）だと述べていた。

大連軍政署は、一九〇五年一月に「大連邦人渡航許可証」を交付して、日本人の大連渡航を部分的に許可し始めた。この「渡航許可証」によれば、原則、渡航は厳しく制限され資産と社会的信用がある人物に限り許可される、という方針だった。

この結果許可されて大連で商売を営む日本人の店舗数と人員数は、一九〇五年五月三一日現在で七七軒、男七〇三人、女三〇人で合計七三三名にのぼっていた(『大連市史』、二五六―二五八頁)。陸上で奉天会戦が戦われたのが一九〇五年の三月であり、海上で日本海海戦が起きたのは同年の五月二七日のことである。

大連での日本人職業調査が出されたのは、奉天会戦から二か月後、日本海海戦からわずか三日後のことに過ぎない。事実上戦場ともいえる大連の荒れ果てた地に日本人が七〇〇余人も営業活動をしていたのである。職業別に目を転ずると最も多い業種は雑貨商で、雑貨商及び雑貨以外に食料品商、印刷業、土木建築請負などを兼業していたものを加えるとその数は二三軒、全体の三割に及ぶ。以下食料品商、漁業、魚類商、旅館湯屋、理髪屋などが連なっている(同書)。しかし、これらの商店の従業員は大半が一〇人以下で、零細企業がほとんどであり、まだ大企業の進出は少なかった。

日本軍の占領地行政の開始

日本軍の占領地に対する占領行政が開始された。最初は各軍単位に占領地統治を担当する機関が設立された。開戦間もない一九〇四年五月に金州を占領すると金州軍政署が設置された。軍政署の下に五つの民務所が設置され、住民から選抜された民務長がこれを管理し、その下に会長、村屯長を置いて占領地統治を実施した。

ロシア統治時代には連合村、村会、村屯というピラミッド型の統治方式をとり、連合村長には、名望ある中国人が就任したが、日本軍も民務所、村、屯を配し、ロシア時代の連合村にあたる民務所には中国人の長を置いたのである。名称こそ違いがあるが、日本軍はロシアの統治方式を基本的に踏襲して占領地行政を開始したといえよう。大連にも同じような軍政署が設置され占領地行政が開始された（関東庁編『関東庁施政二十年史』、三一頁）。

遼東守備軍の成立と遼東兵站監部への再編

一九〇四年九月に遼東守備軍が発足し、司令部を大連に設置し、西寛二郎《かんじろう》が司令官に就任した。西寛二郎は、日清・日露戦役で活躍し、陸軍大将就任後の司令官就任だった。

同年一二月には遼東守備軍行政規則が公布されているが、この規則は、日露戦争中の占領地行政規則を明示したもので、占領地の金州、大連、旅順には軍政委員が配置され、そのもとで憲兵長および高等文官からなる管区長が任命され、会長、村屯長が地方占領地行政を行う統治形態が作られた。金州では将校二人、特務曹長四人、下士二〇人、卒六二人、合計八八人が、大連では将校一人、特務曹長一人、下士八人、卒四〇人、合計五〇人、旅順では将校一人、特務曹長一人、下士二六人、卒五〇人、合計七八人が配置され、また憲兵補助機関として中国人巡補が配置された（関東庁編『関東庁施政二十年史』上、二六〇—二六三頁）。

遼東守備軍行政規則によってこれまであった民務所と民務長は廃止された。こうして「軍政委員は軍政署長となり地方住民の慰撫《いぶ》と安寧秩序とを維持するに必要なる一切の業務を執行」することとなった。

しかし、奉天会戦二か月後の一九〇五年四月に遼東守備軍は廃止されて、新たに満洲軍総司令部内に児玉源太郎《こだまげんたろう》総参謀長指揮下に総兵站監部が設置され、そのもとで遼東兵站監部が設置され、関東州民政署が置かれて軍政が実施された。

民政署の設置によって金州、大連、旅順の軍政署は廃止され、閉鎖された。民政署のもとに警務部が置かれ、警視をもって警務部長を充て、そのもとに陸軍下士のうち警察勤務の経験者二〇〇人を巡査に採用し、中国人巡補をそのまま民政署に配置する形に再編された（同書、二六三頁）。しかし、この組織改編で「著しく軍事機関たる色彩を減じた」（同書）という。

占領体制下では治安維持が第一義的に重視される。法院体制の整備が急がれたことは言うまでもない。

関東法院と旅順監獄

旅順には日露戦争時の戦場跡とともにロシア統治時代の遺跡が多い。

203高地の慰霊塔

東鶏冠山露軍堡塁

旅順港攻略の決め手となった二〇三高地、要塞争奪激戦の地である東鶏冠山《とうけいかんざん》堡塁《ほるい》、乃木希典、ステッセル両司令官が会見した水師営会見所など日露戦争にまつわる戦場遺跡がそれである。そして、これらの戦跡とともに見落とせない旧跡として関東法院と旅順監獄があげられるところに旅順の旅順たる歴史的所以《ゆえん》があるといわねばならない。旅順監獄は、現在は旅順日露監獄旧跡博物館と呼ばれている。

日露戦争中から戦後にかけて多くの民間人、将兵が収容され裁かれたのが旅順監獄であり、明治の元勲伊藤博文を暗殺した朝鮮独立運動家の安重根《アンジュングン》が収容され、そして死刑に処せられたのもこの旅順監獄なのである。

そして旅順監獄に隣接する関東法院だが、これは現在関東法院旧跡陳列館と呼ばれ、病院として使われているが、かつては罪人を裁く法院として、一階には地方法院が、二階には高等法院が置かれていた。安重根はこの高等法院で死刑判決が下された。日露戦争が終結し、朝鮮への日本の統治が進行し満洲でもロシアと南北に領域を分け合う交渉が進んでいた一九〇九年一〇月、ロシアのウラジミール・ココツェフ蔵相との会談を行うためハルビンに向かった元韓国統監の伊藤博文をハルビン駅で暗殺したのである。

水師営会見所（左右とも）

一九一〇年、日韓併合を前に伊藤博文が朝鮮の植民地化でいかなる役割を果たしていたかに関しては、その推進派の元凶という見方と陸軍強硬派の意見とは距離を置いてそれに反対していたという見解があって、その評価は分かれる（見解が分かれる伊藤博文の対韓政策に関しては小林英夫『ライバル対決で読みなおす日本近代史』、二四―二七頁）。

しかし、この法院と監獄は、日本の植民地支配がアジアの人々の抵抗と表裏一体で進行したことを示す証拠でもある。日本人見学者にとっては決して心地よいものではないが、しかし今後の日本がアジアと向き合う際絶えず念頭に置いておかねばならぬ貴重な教訓を見せてくれているという意味でこの見学は欠かせない。

この建物はロシア時代につくられたが、日本時代に大規模に建て増しされた。付け足された別棟三階建て部分は、壁の色が違うのではっきりわかる。安重根が収容されていたという独房も残されている。その他拷問の責め道具や絞首刑台が首つりのロープや踏板とともに当時のまま再現されている。入り口の売店の物売りから韓国語で声をかけられた。韓国民族

［右上］旅順監獄
［左上］関東法院
［左下］絞首刑台（旅順監獄内）

の英雄、安重根の碑をたずねて韓国人が多数訪れるからなのだろう。

しかし日本人は無論だが、韓国人、中国人を含めてすべての民はどの民族であれ、戦争や他民族支配を強行すれば、同じ誤りを犯すことになる可能性を秘めているという自覚を持ってこの歴史遺跡を見る必要がある。

Ⅳ

日本の関東州・満鉄附属地統治の開始

（一九〇五―〇九年）

ポーツマス条約と総督府政治の開始

一九〇五年八月一〇日、ポーツマスで日露講和会議が始まり、九月五日に日露講和条約が調印された。日本側全権は小村寿太郎《こむらじゅたろう》、ロシア側はセルジ・ウイッテであった。

交渉の過程で、日本が最も重視した課題である「絶対的必要条件」は、朝鮮半島の覇権確立、日露両軍の満洲からの撤兵、遼東半島の租借権とハルビン・旅順間の鉄道の譲与で、賠償等は「比較的必要条件」で「絶対的必要条件」ではなかった。

一九〇五年六月三〇日閣議決定の「絶対的必要条件」では、「遼東半島租借権及哈爾濱旅順間鉄道を我方に譲与せしむること」（外務省『日本外交年表並主要文書』上、二三九頁）があげられていた。ポーツマス条約の第五条では遼東半島の租借権の日本への委譲が、第六条では「長春・旅順間の鉄道としてそれに附属する権利の日本への委譲」（同書）を規定しており、北部のハルビン・長春間はロシアが権益を譲らなかった。これは、後に満洲国がソ連から買収することとなる。

一九〇五年九月に関東総督府勤務令により関東総督府が設置され、本部を遼陽において軍政が施行された。総督には陸軍大将の大島義昌《よしまさ》が就任した。

しかし講和条約が締結された後もなお軍政を継続することには内外から強い反対が表明されたため一九〇六年五月に当時韓国統監だった伊藤博文の提唱で「満洲問題に関する協議会」が開催され、軍政の継続を主張する参謀総長児玉源太郎の意見は退けられ、民政への移行を主張する伊藤らの意見が通り（栗原健編著『対満蒙政策史の一面』、一四―二八頁）、一九〇六年九月に総督府は廃止された。

都督府の設置と初代都督大島義昌

こうした経緯をたどって一九〇六年九月に関東都督府が設立された。本部を旅順に置き、民政が実施された。この結果、民政事項は外務大臣が、軍の人事は陸軍大臣が、作戦は参謀総長が、軍の教育は陸軍教育総監がそれぞれ監督することとなった。こうして民政優位で軍政は切り離されて、人事、作戦、教育の各分野別に別々の機関の監督を受けることとなったのである。都督は外務大臣の管理監督を受けることとなった。

初代都督に就任したのは総督だった大島義昌だった。大島は、一九〇六年九月から一九一二年四月までの五年七か月の長きにわたって都督を務めている。就任直後に満鉄が誕生し、満鉄附属地が生まれたなかで、満鉄とどう調整するかといった課題を抱え、さらには辞任直前の一九一一年には辛亥《しんがい》革命の嵐の中で、いかにこれと対応するかといった課題を抱えるのである。

辛亥革命後の一九一二年二月に起きた革命軍撤収要求事件というのがそれに該当する。辛亥革命で革命派の軍が関東州国境中立地帯に侵入、これを排除するために奉天から中国軍が侵攻、衝突事件が発生する寸前に大島都督が両軍に対し中立地帯からの撤退を要求したのである。日本が関東州を租借する際にロシアの利権を引き継いだが、その中に関東州の北方に中立地帯を置くという条項があった。

中立地帯というのは、日中双方が立ち入ることができない緩衝地域で、管轄権は中国側にあるが、軍隊を配置する場合には日本側の了解を必要としたのである。元来こうした外交紛争を日本側のどの部局が責任を持って処理するかに関しては、領事館、都督府が権限をめぐって抗争してきた課題の一つなのだが、一九一二年一月以降は都督府が処理することとなった。したがって、大島都督が処理したわけだが、これは大規模な衝突となることなく終了したので、大問題とはならなかった（関東庁『関東庁施政二十年史』、一一八頁）。

満鉄の設立

また、ポーツマス条約の結果、ロシアの鉄道利権を受けつぐ形で一九〇六年六月、満鉄設立の勅令が制定され、一一月に南満洲鉄道株式会社（満鉄）が設立され、翌一九〇七年四月から営業を開始した。

設立にあたり一九〇六年八月、満鉄の業務内容を定めた三大臣命令書（外務、大蔵、逓信大臣）が出されるが、その中に鉄道附属地の経営がうたわれていた。満鉄は、鉄道経営が第一ではあるが、ここに新たな課題が生まれた。

それは、満鉄附属地の経営という問題である。関東州と共に満鉄附属地が日本の租借地として拡大したのである。満鉄の設立によって日本の満洲経営は、関東都督府、領事館に満鉄が加わる三者組織として「三頭政治」が展開されることとなる。一九二九年以降、拓務省が新設されることで「四頭政治」体制となるが、それまでは都督府、領事館、満鉄三者の間での関東州、満鉄附属地の監督権をめぐる抗争が激化する。

この「三頭政治」の一翼を担う満鉄の設立は一九〇六年一一月で、当初本社は東京に置かれた。しかし、中国東北に経営基盤を持つ満鉄を東京から管理するのは困難なので、翌〇七年四月に本社は東京から大連に移された。

資本金は一億円で当時日本最大の株式会社だった。発足当初は、総務部、調査部、運輸部、鉱業部、地方部の五部局制をとって運営されたが、そのなかに調査部と地方部が含まれていた点が注目される。

出発当初から調査部が設置されたのは、初代総裁の後藤新平《しんぺい》が調査活動を重視していた点が大きかった。後藤は岩手県出身で医学を修めた後、台湾総督児玉源太郎のもとで民政局長として台湾統治に当たり、徴税の基礎となる土地所有関係を調査する「土地調査事業」を成功裏に進めることで統治基盤を安定させ、さらには茶と樟脳《しょうのう》に加えて糖業を輸出産業に興すことで台湾を「儲かる島」へと変身させた。

後藤は、その実績を引っ提げて児玉源太郎の強い推薦を受けて満鉄総裁に就任すると、今度は満鉄を「儲かる会社」へと変身させた。後藤は、台湾で「儲かる島」への変身の立役者の一人だった「土地調査事業」の現地責任者の中村是公《よしこと》を満鉄副総裁に推薦した。

満鉄は、中村の指導下で軌道の標準化、本線複線化を推し進め輸送力強化に努めると同時に

満鉄総裁室

経理会計室の大型金庫

北満大豆と撫順炭鉱の石炭を輸送することで莫大な収益をあげて経営を短期に安定させたのである。

また、発足当初から調査部と並んで満鉄附属地を経営するために地方部が設置されていた。満鉄は、鉄道線路の両側の土地と駅周辺の市街地、撫順、本渓湖《ほんけいこ》などの炭坑や鉱山を社有地として、あたかも「小国家」の如く統治し、貨幣流通権、司法権、教育権、徴税権をもって統治を開始したのである。

満鉄は単なる鉄道会社に非ずして、満洲の中央部に細長い領土を有する植民地統治会社でもあった。そして、満鉄は鉄道と石炭、大豆で稼いだ収益をふんだんに地方部が管轄する附属地経営へと投入し、下水道、暖房完備の社宅建設を行い、また主要駅にヤマトホテルを建設し、大規模な都市建設を推し進めていった。

初代総裁の後藤新平がその職にあったのは一九〇六年一一月から〇八年七月までの一年八か月に過ぎなかったが、その後を継いだ中村是公は一三年一二月まで五年余にわたって総裁を務めて満鉄の経営的基礎を確立したのである。

［右］総裁室前の廊下
［左］展示室に並べられた当時の事務器具類（高橋信郎氏提供）

満鉄本社

現存する建物で日本統治時代の大連を代表する建物の一つが満鉄本社である。

二〇〇〇年代初めまでは、見学者は旧満鉄本社の建物の中には入ることはできなかった。筆者が二〇〇四年の夏に行ったときは、満鉄本社跡の前の広場のマンホールの蓋がMと鉄道レールを組み合わせた満鉄ロゴであること見つけ、拙著『満州と自民党』（新潮新書、二〇〇五年）にそのことを書いて読者に紹介したが、二〇〇六年に学生を引率して行ってみたら、すでにその蓋は撤去されて、本社建物のなかの陳列室の一角にそれが飾られていた。そして、陳列室に入るのには入場料が必要だった。

何でも商売の材料に変えてしまう中国人の商魂のたくましさとそれを支える対応の素早さに改めて感心した。今ではお金さえ払えば、満鉄本社跡地のビルを見学することは可能である。

翌〇七年の訪問時には、総裁室とその横の陳列室、経理会計室が公開されていて、秘書室を通って総裁室に入ると、広々とした部屋に歴代総裁が執務した椅子と机が備え付けられている。

総裁室の向かいには経理会計室があり、部屋の奥には巨大な金庫が置かれていた。当時、満鉄社員は、給与、諸手当から様々な会計処理をするためにこの部屋に出入りしたに相違ない。同じ階の陳列室には当時の帳簿やそろばん、筆記用具などの事務器具類が書類整理のための諸道具類と共に陳列されていて、そのなかに先に述べた満鉄ロゴ入りのマンホールの蓋が道路から切り抜かれたような姿で展示されていた。

満鉄本社の向かい側に満鉄の図書館と満鉄社員が楽しんだ満鉄倶楽部の建物が残されている。かつての満鉄社員の憩いの場であった満鉄倶楽部は、現在では改装されて「鉄路文化宮」という名称の演芸館に変わっている。内部に入る許可が取れなかったので、建物の内部の変容などに関してはわからないが、屋根や窓枠などの外見には往年の雰囲気を感じ取ることができる。

満鉄の附属地経営開始

満鉄の成立は、同時に満鉄附属地経営の開始でもあった。満鉄は総務部、調査部、運輸部、鉱業部、地方部の五部構成をもってスタートしたが、最後の地方部というのは満鉄附属地経営を担当するために設置された。附属地の起源はロシアの東支鉄道敷設時にあった。ロシアは東支鉄道沿線地を附属地とし、会社が附属地の統治を行うとしたが、その権利を満鉄はそのまま引き継いだのである。こうして一九〇七年九月から満鉄による附属地の行政はスタートした。附

[右]満鉄本社前の満鉄ロゴが入ったマンホールを切り取って陳列室に展示している（高橋信郎氏提供）
[左]満鉄本社ビル向かいの旧満鉄倶楽部（現鉄路文化宮）

属地の警察権は、関東庁と領事館が持っていたが、それを除く広範な普通行政は満鉄の担当だった。

満鉄附属地は、関東州を刀の柄に例えれば、そこから満鉄沿線に沿って満洲心臓部の長春近郊まで伸びた刃で、都市部は蛇が卵を呑んだように膨らんでいた。

附属地の長さは大連から長春近郊の寛城子までであったが、このほかに安奉線やその他の支線を含めて総延長一一二九キロ、横幅は、線路の両幅本線（大連・長春間）で最大四二七メートル、最狭四三メートル、安奉線（朝鮮国境の安東と奉天を結ぶ線）が最大三六メートル、最狭一七メートルで、ここには奉天、新京（現長春）などの沿線主要市街地も含められており、中国東北の中央部に細い線のように突き刺さる地域が満鉄の行政権が及ぶ地域で（南満洲鉄道株式会社編『満鉄附属地経営沿革全史』上、三三頁）、満鉄は地方部を設けて附属地経営を実施した。

附属地には奉天、撫順、本渓湖《ほんけいこ》、鞍山《あんざん》、四平街、長春といった満洲北部を代表する諸都市が含まれていた。附属地が開かれた初期の時期にここに居住していた日本人の数は約三万余人（一九一五年）で、附属地発足当初の彼らの職業構成をみると鉱工業、交通商業、公務自由業の順であった（金子文夫『近代日本における対満州投資の研究』、二一〇―二一一頁）。

しかし満鉄は、一九〇七年四月に日露戦争時の日本軍鉄道運営部隊だった野戦鉄道提理部から鉄道業務を引き継ぐと、一九〇八年五月には満鉄本線の標準軌化への改築を完了し、一九〇八年八月には旅順ヤマトホテルの営業を開始し、同年一〇月には大連・長春間の急行列車の運行を開始した。また、同年一一月には東京支社に東亜経済調査局を設置して活動を開始するなど営業活動を本格化させた。

関東州人口の増大

満鉄の活動の開始とともに関東州と満鉄沿線諸都市の活動は活発さを増し始める。それを最も象徴的に示すのはそれらの地域での日本人人口の拡大であった。

この間の民族別人口動向を関東州、満鉄附属地、領事館管内別に一九〇六年、一九一五年、一九二五年で見てみよう。この間に日本人人口は関東州では一万二七九二人から五万〇二五三人、九万一三七六人へと増加し、一九〇六年を一〇〇とすると三九三、七一四へと拡大している。同時期の中国人を見ると三六万〇四二八人（一〇〇）から四九万〇五八四人（一三六）、六六万五九八九（一八五）で日本人人口の増加率は非常に大きい。また、満鉄附属地でのそれを見ると同時期に日本人が三八二一人（一〇〇）から三万四八四五人（九一二）、九万二六二五人（二四二四）へと急拡大している。同時期の中国人を見ると七六七五人（一〇〇）から六万〇二二五人（七八五）、一八万〇五三四人（一二三五二）を示している（『関東庁施政二十年史』、六頁）。関東州、満鉄附属地ともに日本人人口は急増を遂げていったことがわかる。

大連の都市建設の開始

日本の関東州統治政策は、大連の都市建設から始まった。大連は、日露戦争前からロシアが旅順と共に資金と資材を投入してその都市づくりに全力を挙げた地域だった。大連の都市建設にそれは表れている。大連は、日露戦前から戦争終結まではロシアの、そして日露戦後は日本の関東州運営の拠点となったことから両国の都市建設の影響が強く見られることとなった。その分、大連は、伝統的な城壁に囲まれた中国の都市とは異なる雰囲気を持つ欧州的情緒豊かな都市景観を表すこととなる。

大連の市街は大きくロシアが開発した大連東部と日本が開発した大連西部地区に区分された。大連東部は、ロシア時代のニコライェフスカヤ広場を中心とした放射線状の街路づくりを、そして大連西部は満鉄沙河口工場地区の矩形状の街路づくりを基調とした街づくりが行われた（越沢明『大連の都市計画史（一八九八―一九四五）』）。

日露戦後には都市づくりと並行して大連港の再建も開始された。本書Ⅲ章六九頁でも言及したが、占領直後の大連を視察した田山花袋は「第二軍従征日記」の六月三日のなかで次のよう

大連埠頭事務所（高橋信郎氏提供）

現在の大連埠頭（高橋信郎氏提供）

に記している。

「ダルニー市街の見物にと出かけた。最初志したのが海岸通り。美しい朝の海に大和尚山が分明影を蘸《ひた》して居るのを指しつつ、段々海岸近くに行くと、露国が全力を挙げて計画したらしい築港のさまが一歩毎に其前に顕れ出して、人造石で埠頭を固めた壮大なる規模は、実に人をして驚嘆せしむるばかり、海は勿論浚渫して如何なる大船舶も横附にすることが出来るようになって居るし、汽車のレールは埠頭の尽頭まで延長して荷物の積卸の便に供されてあるし、日本にもこの位の港は一寸あるまいと思われたので、けれどこの埠頭、この汽車線路、これも敵が大破壊を加えて居て、現に、其海岸に埋没してあった地雷を工兵が頻りに発掘して居るのを見た」（田山花袋「第二軍従征日記」『定本花袋全集』第二五巻、一六五頁）。

引き続き田山は、破壊された洋館や教会、公園などを日記にとどめている。

大連は、日露戦争時はまだ都市建設途上だったが、日本の統治下に入り一九〇七年に満鉄が本社を大連に構えるとともに、日本人の満洲活動拠点として、年ごとに着実に大都市へと変貌していった。日露戦後期、船舶と汽車が主要な移動手段だったから大連は、日本と満洲を結ぶ重要ルートとして脚光を浴びたのである。

大連港を紹介した埠頭事務所発行の『大連港』（一九一三年）は以下のごとく記述している。

「大連港は南満州の西南関東半島の咽喉に当り南は黄海を隔てゝ遥に山東省と相対し西は有名なる旅順港と隣接して渤海に臨み背面には南北満洲及び西比利亜《シベリア》の沃野を横断して欧州及び浦塩に通ずる鉄道の利器を控えたる極東における通商貿易港中唯一の自由港」（一頁）だとしていた。そして、利点は、不凍港として一年中使用が可能なことであった。

そして『大連港』は、続けて次のように記している。

「大連は満洲の一隅に位するを以て地勢上気候は海陸両者の支配を受け就中《なかんずく》冬季大陸の影響を蒙ること極めて著しく一朝強大なる高気圧にして北清地方に出現するあらんか気層の傾斜忽《たちま》ち急峻となり気温頓に下降し強烈なる寒風連日に亘り凜冽耐えがたきことあり此の如き場合は間々海岸水浅き処に結氷を見ることあれども埠頭に船舶を係留するには更に差支を生ずるが如きことなし」（二頁）

最初にこの地の優位性に着目したロシアは、不凍港であったがゆえにこの地を一寒村から満洲を代表する港湾都市に育て上げる決意を固めたのである。そして日本もまたこの港の優位性を継承した。

日本による大連の都市整備

そして、ニコライェフスカヤ広場を継承した日本名での大連大広場の周りには大連民政署をはじめ横浜正金銀行や中国銀行、朝鮮銀行などの大連支店や英国駐大連領事館や大連ヤマトホテルなどが軒を連ねていた。

他方、満鉄が経営する沙河口工場地域には、日本人の住宅や社宅が軒を連ねていた（水内俊雄「植民地都市大連の都市形成」『人文地理』第三七巻五号、一九八五年、五五―六五頁）。また旧ロシア街と日本人街を分ける境界線には鉄道線路をまたいで日本橋が架けられていた。日露戦争時には日本軍の進撃を食い止めるためにロシア軍はこの橋を破壊したが、戦後日本が造り直し日本橋と命名した。

日本橋からロシア街を眺める

日露戦後間もない一九〇九年にこの地を訪れた夏目漱石《そうせき》は、この橋に関して以下のように記している。「広い通りを一二丁来ると日本橋である。名は日本橋だけれどもその実は純然たる洋式で、しかも欧州の中心でなければ見られないほどに、雅にも丈夫にできている」（夏目漱石「満韓ところどころ」漱石全集刊行会『漱石全集』第一〇巻、二〇一頁）

現在まで残る日本橋は、まさに西洋風の石橋である。今でも旧満鉄線路をまたぐこの橋の先には旧ロシア街が広がっていて、現在でもこの橋の先にはいくつかのロシア風の建物を認めることができる。また、大連の都市建設にあたっては、都督府と満鉄が役割を分け合った。橋梁、上下水道、公営住宅などは関東都督府が、ガス、電気、電気鉄道、病院などは満鉄が担当した。

大連の繁栄の始まりと営口の衰退

日本統治下における大連は急速に輸出入量を増加させていく。いま一九〇八年から一九一二年までの新興港の大連と老舗港の営口の輸出入動向を概観すれば表のとおりである。

すでに一九〇八年段階から営口と大連では大連が優位性を保ってはいたが、大連の都市建設・港湾整備が進行するにつれて両港の輸出入量の格差は拡大していった。

大連港が満洲での中心的な港湾となるなかで、かつての満洲の玄関だった営口は急速に衰退していくこととなる。営口が冬季氷結し使用不能となる自然条件に加えて、営口を一九〇六年ペストが襲った。「黒疫流行のため交通断絶せられ奥地取引は大連に趣くもの多きに至れり」（農商務省商工局『上海及営口事情』、六三頁）したため、

大連・営口輸出入動向　単位：千円

年	輸出		輸入	
	大連	営口	大連	営口
1908	34,727	19,609	31,356	21,828
1909	42,812	26,082	24,549	29,091
1910	38,798	25,336	28,733	27,932
1911	48,392	26,723	45,107	31,491
1912	55,306	22,776	58,712	29,952

出典：農商務省『上海及営口事情』1915年、67－68頁

営口の商圏は急速に縮小したのである。二〇二〇年の新型コロナウイルスの拡大が、世界経済の変化に大きな影響を与えたように、この時もペストの蔓延が満洲でのサプライチェーンを大きく変更させる契機の一つとなったのである。しかし、直接的契機はともあれ、営口が繁栄を取り戻せず、その後衰退に向かった根本的原因は、大連の都市建設が進み港湾が整備され、満鉄の鉄道運行が活発化するなかで、大連経由で奉天、鉄嶺、長春方面に販売する方が営口経由より割安な運賃設定がなされるなかで、営口は大連に商圏を奪われて輸出入量は漸次減少の一途をたどったことにあった。逆に「大連の開港と同時に大連偏護の鉄道運賃政策施行せらるるに至り非常なる不利を来し商工業の衰退を招き経済状態は孤立の姿となりぬ茲《ここ》に至り当港の障害なる冬季の結氷は不凍港なる大連に其繁栄を奪われ」（手島喜一郎『営口事情』、六頁）ることとなった。

ここに大連の繁栄は約束されたのである。それを証明するのが大連市歌の一節である。「ここ大連は満蒙の、さきがけの地よ誉《ほまれ》なれ」「東亜にほこる大埠頭、欧亜を結ぶ大鉄路、日に日に集う文明の、姿はここに験《しるし》あり」。これは大連市歌の冒頭の歌詞の一節である。この市歌ができたのは一九三六年のことだが、最盛期を迎えた一九三〇年代中盤の大連を生み出す出発点となったのが一九一〇年代の満鉄の満洲奥地まで延びる鉄路と呑吐港の大連港建設だった。

それまで営口で活動していた日中両国商人たちも顧客を大連にとられるなか、その顧客を追って拠点を大連へと移動させ始めた。たとえば正隆銀行は一九〇六年日中合弁で営口に開業されたが、営業活動活発成らず、一九一〇年には安田善三郎の支援を受け、「営口の商勢が漸次大連に遷りつつあるを看破」（小此木壮介『だいれん物語』、二四四頁）して大連に本店を置き、営口は支店として活動することとなった。

現在営口には正隆銀行の支店の建物が現存している。洋館風の赤レンガの二階建ての建物（写真）は現在は中国の交通銀行の営口支店として使用されている。

夏目漱石の満洲訪問

初代満鉄総裁の後藤新平が総裁職にいたのが満鉄創立の一九〇六年一一月から一九〇八年七月までの一年八か月で、その後を継いだ二代目の中村是公が総裁職に就いたのが一九〇八年一二月で辞任したのが一九一三年一二月だから中村は約五年間総裁職にあったことになる。したがって、後藤が満鉄の基本路線を敷いたことは間違いないが、それを具体化したのは中村是公である。中村是公の時代に満鉄は狭軌から標準軌に切り替え整備し、本線複線化を実現し、急行列車を通している。また収益も一九一三年には創業時の黒字の二〇一万六〇〇〇円は七一六万七〇〇〇円へと三・六倍にまで拡大し、経営は軌道に乗り始めていた（次頁表）。

中村是公は、後藤新平が台湾総督府の民政局長（後の民政長官）時

旧営口正隆銀行ビル

満鉄部門別損益表（付：資本金、従業員数変遷）

年	総額（千円）	鉄道（千円）	港湾（千円）	鉱業（千円）	地方（千円）	資本金（億円）	社員（千人）
1907	2,016	3,696	12	553	▲ 130	2.0	13
1908	2,113	7,622	175	1,028	▲ 126	2.0	12
1909	5,771	9,198	248	1,230	▲ 230	2.0	15
1910	3,708	9,471	111	1,667	▲ 497	2.0	18
1911	3,668	10,618	97	2,179	▲ 615	2.0	19
1912	4,926	12,060	200	1,847	▲ 768	2.0	20
1913	7,167	14,361	183	1,801	▲ 1,051	2.0	22

出典：満鉄会『満鉄会六十年の歩み』、2006年、204－205頁

代にその部下として台湾の土地調査事業をはじめとする総督府の基軸事業の推進で活躍し、統治の基礎固めで実力を発揮した。後藤が満鉄総裁に就任すると一緒に満鉄に移り副総裁として後藤を支え、その後を継いで一九〇八年一二月から総裁に就任した。

後藤新平を継いで二代目の満鉄総裁に就任した中村是公は、満鉄の経営に注力しただけでなく、満鉄の宣伝にも大いに意を注いだ。

第一高等学校時代からの親友だった夏目金之助（漱石）を上手に使って満鉄の宣伝に努めたのも中村是公である。漱石は中村の誘いに応じて一九〇九年九月二日に東京をたって大阪より海路大連に至り、大連、旅順より満鉄で北上、熊岳城、営口、湯崗《とうこう》子《し》、奉天、撫順、長春、ハルビンまで足を延ばし、その後奉天に戻って安奉線を使って安東に至り、安東経由朝鮮半島を南下、釜山経由で一〇月一四日に帰国している。

この間の紀行を漱石は「東京朝日新聞」と「大阪朝日新聞」に一〇月二一日からその年の年末まで連載した。漱石

が旅したルートは、大連を振り出しに旅順よりハルビンにまで至るが、漱石執筆の「満韓ところどころ」では、撫順訪問で途切れている（夏目漱石「満韓ところどころ」漱石全集刊行会『漱石全集』第一〇巻）。

関東州の大連、旅順では、それぞれの都市のヤマトホテルに滞在し、旅順では日露戦跡、大連では満鉄本社や満鉄の諸機関を訪問して、その概要説明を受け、建設途上の満鉄の姿を紹介している。続いて満鉄附属地の奉天や撫順を視察している。奉天では道路状況の未整備や下水施設の不備、塵や埃のひどさなどを指摘しているが、撫順では広大な炭坑に驚愕し、職員の近代的住宅に賛美の言葉を贈っている。

のちに多くの日本人が関東州から満鉄沿線諸都市を旅行しその紀行を残しているが、漱石のそれはそうした動きの初期のものだということができよう。

米家泰作の研究によれば、彼の選択基準でセレクトした鮮満旅行記一七五点を分析した結果、鮮満旅行記の出版は、日露戦後の一九〇七年、第一次世界大戦後の一九一九年から二一年、そして一九二五年以降一九四〇年までに高まりがみられるという（米家泰作「近代日本における植民地旅行記の基礎的研究：鮮満旅行記にみるツーリズム空間」『京都大学文学部研究紀要』五三、二〇一四年三月、三二三頁）。漱石は、まだ日露戦争の硝煙が残る時期にこの地を旅行しており、その片鱗は随所に見ることができる。

のちに関東州観光地の定番となる旅順要塞の見学に関しても、その記述は観光地化した旧跡を訪問するというよりは、戦争の姿が生々しく残る戦績を訪ねるといった感が強い。

V

一九一〇年代の関東州と満鉄附属地

大連人口の増大

一九一〇年代の大連人口は急増を開始する。大連は、日露戦後から関東州のなかでは日本人人口が首位を占める「日本人の街」であり、それは一九一四年まで続いていた（次頁表参照）。一四年以降は日本人人口も増加するが、それを上回る速度で中国人人口が増加を開始する。そして一九一〇年代末には大連での中国人人口は、日本人のそれの約二倍になっている。

職業別人口構成を見てみると、日本人の職業は一九〇八年時点では商工業が約五〇%、娯楽業が七%、官吏が三二%、その他一一%だったのが、五年後の一九一四年には商工業が四九%、娯楽が八%、官吏が二三%、その他が二〇%と変わり、さらに五年後の一九二〇年には商工業が四八%、娯楽二一%、官吏二八%、その他三%となっており、「其の比率歩合は年によって高低常なきを示すのであるが、但し数においては（商工業、娯楽業、官吏──引用者注）三者共年々増加をきたしている」（篠崎嘉郎『大連』、五七─五八頁）状況だった。

他方、中国人の職業別人口を見るに一九〇八年には農業一四%、商工業四一%、その他四五%だったのが、一九一四年には農業一三%、商工業三三%、その他五四%となり、さらに一九二〇年には農業一四%、商工業四二%、その他四四%となっており、「特に商工業者の如き実に著しい増加を告げて」（同書、六九頁）いる状況だった。

日本人・中国人・外国人別人口推移（大連）　　単位：人

年	日本人	中国人	外国人	合計
1906	8,248	10,601	23	18,872
1907	16,688	14,582	54	31,324
1908	21,593	17,561	54	39,208
1909	22,877	17,882	85	40,844
1910	26,022	19,755	81	45,858
1911	29,775	21,032	96	50,903
1912	31,885	22,908	95	54,888
1913	35,439	36,963	82	72,484
1914	37,312	36,018	94	73,424
1915	38,438	42,466	116	81,020
1916	40,485	46,570	69	87,124
1917	44,713	112,654	96	157,463
1918	49,306	118,886	92	168,284
1919	54,817	126,152	79	181,048
1920	62,994	175,721	152	238,867

注：外国人は主にロシア人
出典：篠崎嘉郎『大連』大阪屋号書店、1921年、50－51頁

大連の街づくりと大連港の整備

一九一〇年代に大連の港と都市づくりに拍車がかかった。人口増加とともに一九〇七年から「露国の計画を基礎として中央公園以東全体（南山麓及寺兒溝を含む）の大連市区計画を決定し一面是等の激増する人口に備え、他面将来市区経営の依るべきところを明にせしめ」（大連市『大連市史』一九三六年、六五五頁）、一九〇八年には満鉄沙河口工場東方地区を工場地区にするなど拡張に努め、道路・橋梁網の拡充、上下水道の整備、ロシア統治時代の第一埠頭、第二埠頭を整備強化し、倉庫を充実させて（同書、六五五—六九〇頁）、拡大する貿易活動への対応を行った。

大連港船舶出入隻数及び取扱いトン数

年	隻	倍率	屯数（千トン）	倍率
1908	3,288	1.00	2,445	1.00
1913	4,549	1.38	4,750	1.94
1918	5,236	1.59	3,951	1.62
1922	5,563	1.69	9,042	3.70

出典：天野元之助『満州経済の発達』、1932年、32頁

その結果、一九一〇年代になると大連港の船舶出入隻数と貨物取り扱いトン数は急激に増加した。一九〇八年の三二八八隻は一〇年後の一九一八年には五二三六隻と一・六倍に、同時期の大連寄港船舶のトン数は二四四万五〇〇〇トンから三九五万一〇〇〇トンへ約一・六倍に増加した。そしてこの増加傾向は一九一〇年代いっぱい続いて一九二二年には隻数では一・七倍だが、総トン数では一九〇八年時点の三・七倍まで増加したのである。

関東州での道路整備と「土地調査事業」

実際の関東州の施政の始まりは一九一〇年代に入ってからであるし、満鉄附属地としての体裁を整え始めたのも一九一〇年以降のことである。それ以前の統治の重点は港湾、鉄道整備に置かれ、都市建設は大連に集中していた。

関東州全体の地域づくりに着手した都督は初代の大島義昌を継いだ福島安正《やすまさ》であった。彼は、関東州の道路整備と開拓事業、土地調査事業に着手したのである。福島は、戊辰《ぼしん》戦争に参加した後、陸軍将校として数々の戦役に従軍し、情報将校として日清戦争勃発直前の一八九二年から九三年にかけてドイツからポーランド、欧露、シベリアを経てウラジオストックまで一万五〇〇〇キロを一七か月、四八八日かけて単騎横断を果たし（福島安正「単騎遠征録」満鉄弘報課『亜細亜横断記』満洲日日新聞社東京支社出版部、一九四二年、一一頁）、一九〇〇年の義和団事件では英・独・仏・露の外国語を駆使して八ヵ国連合軍の調整役として活躍した。

彼は一九一二年四月から一九一四年九月までの二年六か月の間都督の地位にあったが、この間、彼が注力した道路建設、土地調査事業は、「情報将校の先駆け」と称されるにふさわしい軍人の枠を超えた民政の基礎事業だったといえよう。同じ時期に彼の下で都督府参謀を務めた若き日の小磯国昭《こいそくにあき》は、悪天候の時に騎馬旅行に出るのが大好きな福島に、参謀たちは同行を敬遠したが、小磯は同行したと回想している（小磯国昭自叙伝刊行会『葛山鴻爪』、二八八頁）。

福島は、道路建設と開拓事業に注力した。彼は、「人が歩くから道路ができるので、歩くための道路はつくらない」、と古来中国でいわれていた（福田実著・藤川宥二編『満洲奉天日本人史』）諺《ことわざ》に反して、「政治の要諦は楽土建設、楽土建設の一歩は道路の建設」と称して道路建設を最重要課題に在任二年五か月の間に四二〇里から四三〇里の道路建設をした。その時造られた道路は「福島道路」といわれたという（米野豊実『満洲草分物語』、四五七頁）。

福島は、また道路の整備とともに彼の治世の末期の一九一四年五月から「関東州土地調査事業」を開始している。土地所有者並びに境界の調査、測量地形調査、土地価格確定、納税者確定を目的に開始された土地調査事業は、福島都督時代は無論のこととして都督時代が終了し関東庁時代に入る一九二四年に所有権確定事業はできないままに終了している。理由は、長年の歴史的経緯の中で土地所有関係が複雑すぎて都督の統治力では歯がたたなかったことがある（江夏由樹「関東都督府及び関東庁の土地調査事業について」『一橋論叢』、九七—三、一九八七年三月）。

満洲開拓事業の嚆矢

福島時代のもう一つの事業は愛川村開拓事業だった。一九三〇年代の満州北部への日本人農民の大量移民の話は比較的知られているが、明治期に日本人の大陸移民が最初に行われたのが、ここ関東州だということはあまり知られていない。

満洲移民を最初に提唱したのは台湾総督府の民政長官だった後藤新平が一九〇六年に満鉄総

裁に赴任した直後の話である。

　後藤が一九〇七年二月に首相、外相、蔵相、逓相に提出した大陸政策に関する請問書の中で「ここ数年間に五十万以上の移民を見るの策を講ぜざるべからざるに非ずや」（御厨貴編『後藤新平大全』藤原書店、二〇〇七年、一〇六頁、満洲開拓史復刊委員会『満洲開拓史』全国拓友協議会、一九八〇年、三頁）と述べているのが、移民政策提示の嚆矢《こうし》であろう。

　しかし気象条件の厳しい満洲の地への移民事業は進展せず、満洲で日本人移民が水田耕作技術をもって入植したのは、一九〇八年のことで日露戦争に従軍し、戦後は除隊して関東州の普蘭店近くで水田事業を始めた小出英吉に始まるという。

　その後多くの者が入植を試みたが、津久居農場と榊原農場が代表的成功例だったという。津久居農場は、独立守備隊出身の津久居平吉が一九〇九年に始めたもので、水田は失敗したが果樹園で成功したし、榊原農場は、一九一一年従軍記者だった榊原政雄が農園を買収し水田耕作を定着させた事例である（満洲開拓史復刊委員会『満洲開拓史』全国拓友協議会、一九八〇年、九―一一頁）。関東都督だった福島安正は一九一三年に愛川村移民を試みた。

　開拓村を愛川村と命名した由来は、日本からの二つの出身移民村の頭文字を合わせたことにある。愛川村の旧名は「元老虎山会小塩窪」だが、愛川村となったのは一九一五年三月第一回移民で入植した農民の「大多数が山口県玖珂郡愛宕村及同郡川下村の出身であるため二箇村の各頭文字を採って大正四（一九一五）年四月十日愛川村と命名した」（関東州庁内務部土木課編『関東州愛川村　邦人満洲移民の魁』、九五頁）からである。

しかし、入植者を迎えたものの、水田耕作は思わしい収穫を得ることなく、「帰還を申出づる者あるに至り其の多数は秋季を待ずして移住地を引上げ、残留者僅かに三戸」（関東庁『関東庁施政二十年史』下、六六二頁）という惨めな結果に終わったという。この移民失敗が後に及ぼした影響は大きく、満洲事変後の一九三二年に北満での満洲移民が計画された時、北満と比較すれば気候が相対的に厳しくない南満ですらうまくいかないのに、北満においてはなおさらである、と主張する例証として使われたのである。

愛川村跡地を訪ねる

著者は、研究仲間たちと二〇一七年夏に愛川村の跡地を訪れてみた。現在の地名は金州大魏家屯稲香村。金州市から車で約一時間ほど走った農村のなかにその移民地の跡は静かに溶け込んでいた。

現在、わずかに当時の痕跡は愛川村警察官吏派出所の建物に見ることができる。当時の写真と照合してみると、正面二階建ての建屋は当時のままである（写真）。そしてこの建物は、現在は農家として使われている。案内を乞うて家に入れてもらう。うるさく吠え叫ぶ犬を追い払ってもらって、ドアを開けて中に入ると、一階の入り口の部屋は昔は受付事務室として使われていたであろう六畳程度の板の間部屋となっていて、その横に二階に上がる階段がある。そこを通って狭い二階に上がるとさらに奥の部屋に通ずる廊下がある。今はドアで締め切られている

愛川村警察官吏派出所の建物（右：当時、左：現在）
出典：関東州庁内務部土木課編『関東州愛川村　邦人満洲移民の魁』1935年

が、おそらく派出所関連の事務室がいくつか並んでいたのであろう。

この建物の右側に当時の平屋の移民家屋らしきものが残されていたが、塀越しではしっかり確認できなかった。我々より以前に訪れたことがある竹中憲一氏は、派出所を確認すると同時に氏神や愛川神社、金州尋常高等小学校愛川分教場跡を探したが、それらは発見できなかったと記述している（竹中憲一『大連歴史散歩』）。我々が訪問した時、派出所の周囲はトウモロコシ畑で、水田らしきものは確認できなかった。歴史遺物の風化は予想以上に速いことが改めて認識される。

一九一〇年代の満鉄附属地

一九一〇年代に入ると満鉄沿線の附属地の都市建設が急速に進展する。ハルビン、旅順、大連などロシアが力を集中して都市建設を行った地点を除けば、その他の多くの満鉄附属地は寛城子から旅順・大連までの旧東支鉄道南部線の沿線を引き継いだもので、日露戦争が終結した前後の一九〇五年から〇六年の時点では、鉄道線路は敷設されていたものの都市建設という点では駅舎とその周辺地域の開発に手がついたばかりであった（大野太幹「一九二〇年代満鉄附属地行政と中国人社会」『現代中国研究』二一、二〇〇七年一〇月、九二頁）。

東支鉄道南部支線は、中国人商人との競合や高い地価を避けるため旧市街地（城内）から一定の距離を置いて敷設されていたから、駅を中心とした新都市建設とともに附属地と城内を結ぶ道路なども建設しなければならなかった。また清国政府は奉天や寛城子などで日露戦争以前に附属地と城内を結ぶ地域に外国人の商業活動地域として商埠地などを設定していたので、附属地と商埠地の調整なども必要とされたのである。

奉天や撫順、長春といった満鉄附属地の都市建設は、鉄道の駅舎を中心にして斜線上に大路を開き、その間を矩型に区切って道路を開設する形で都市建設が進められた（越沢明「大連の都市計画史（一八九八—一九四五）」『日中経済協会会報』一三四・一三五・一三六、一九八四年一〇、一一、一二月）。一九一〇年代の満鉄附属地の発展を示す指標として附属地の主要都市の人口動向を見ておこう。

一九一〇年代後半になると、それまでの遼陽などの軍事拠点の人口増加が停滞する中で、奉天、開原、長春、撫順、安東などの産業拠点が急伸し、一九一八年になると撫順が三万六〇〇〇人弱、長春が二万人弱、奉天、開原が一万三〇〇〇人に達し、日本人の経済拠点としての重みを増し始めるのである。遼陽は軍事上の拠点として日露戦争時には日露両軍が激突し（遼陽会戦、一九〇四年八月から九月）、日露戦後も日本の満洲駐箚《ちゅうさつ》師団の司令部が置かれていたが、一九一〇年代になると軍事上の重要性が薄れる代わりに産業上の重みが高まり、隣接する撫順の人口

附属地主要都市人口動向　単位：人

年	遼陽	奉天	開原	長春	安東	撫順	合計
1908	4,612	3,418	1,129	2,816	1,326	6,365	26,346
1913	3,566	5,607	7,408	9,081	1,739	17,742	61,264
1918	4,353	13,186	13,026	19,723	5,386	35,979	118,312

出典：天野元之助『満州経済の発達』、83頁

増加が顕著になるとともに遼陽の人口はそこに吸収されていく。

満鉄附属地・奉天の変貌

いまこの時期の都市発展状況を奉天（現瀋陽）で見ておこう。

日露戦後間もないころの奉天にはロシアが造った奉天駅などが散在するだけで、それを除けば一面殺風景な原野が広がり、日本人居住者も少数だった。奉天駅から城内までは附属地から商埠地を通り城内小西辺門に至る十間房道路が開かれていて、ここに英・独・露の領事館があり、各国商店が軒を並べていた。奉天商埠地に関しては李薈の研究に依拠してその概要を述べておこう。清朝政府が奉天に外国人用居住地域として商阜地を設定したのは日露戦争勃発以前の一九〇三年のことで、正式に開設したのは日露戦後の一九〇八年のことだった。清朝政府はこの地に公園を設け、馬車鉄道を敷設し、京奉線の瀋陽駅を商埠内に設けて満鉄の活動に対抗し、その動きをけん制した（李薈『20世紀初奉天における都市形態の変化と商埠地の発展に関する研究』富士ゼロックス株式会社、小林節太郎記念基金、二〇一七年）。

日本人商人も日露戦争講和直後はこの沿道に店舗を構えて営業を行っていた。「日本商人の形成史たる市街の嚆矢」（萩原昌彦編『奉天経済十年誌』、一八

頁）として最初の日本人街は商埠地の十間房道路に形成された。十間房道路といったが、雨が降れば泥濘《でいねい》膝を没する悪路であったという。

当時の記録によれば「小西辺門を内に入れば道路は一面の泥地にして凹凸甚だしく人道としては僅かに路傍の軒下に一条の小径を有したるに過ぎず」（同書、一九頁）といった有様だった。夏目漱石も「満韓ところどころ」のなかで、一九〇九年九月当時、中国人が住む奉天城内と比較すると奉天の駅前の満鉄附属地は「原野同然に茫々としていた」（夏目漱石「満韓ところどころ」漱石全集刊行会『漱石全集』第一〇巻、三〇九頁）と記述している。

しかし、その後一九一〇年に奉天新駅が完成した。この駅を中心に二本の放射大路が造られ、これを骨格に町が碁盤状に区画され、途中に広場が設けられ、警察署と郵便電信局の支局が開設された。こうして一九一〇年以降附属地内の道路インフラが整備され始めると日本人商人は商埠地から附属地へと移転を開始し、附属地は活気を呈し始めたのである（李薈前掲書）。

次頁の表に見るように人口も一九一〇年以降は着実に増加を開始する。人口の増加には満鉄職員の勤務者数が大きく影響しており、一九一〇年からの人口増加の背景としてこの年から「満鉄会社社員宿舎が今の新市街の先駆として建設せられたる」（萩原昌彦『奉天経済十年誌』、五八頁）ためだという。したがって、その後の人口増加は「満鉄施設の漸進せるを示すものにして一面新市街の発展を表示するもの」（同書、五九頁）でもあった。

ここで一九〇七年から一九一七年までの一〇年間の奉天満鉄附属地と奉天総領事館管内の人口動向を見てみよう。ここでいう総領事館管内とは、満鉄附属地外にして奉天では「奉天城内外及び日露戦後居住地として開放せられたる十間房方面居住者」（同書、六〇頁）を指すが、ほぼ二〇〇〇人台で増減しており、一九一〇年以降、総領事館内の人口は平行線をたどっているのに対して、附属地の人口は一九〇七年の二五七九人から一九一七年には五九一七人と二・三倍近くまで急増していることがわかる。

また、職業別人口を見れば、附属地では一九〇七年には会社員（一五九五人、同年一二月末現在、以下同様）が最も多く、雑業（三二四人）、工業（二〇七人）、商業（一九九人）、官吏（一二四人）の順となっている。ここでいう会社員というのは、大半が満鉄社員を指すものと思われるし、官吏は都督在員を指すのだろう。一九〇九年になると会社員（八一九人）が最も多く、以下、雑業（三七二人）、商業（二九三人）、官吏（一七五人）、工業（二五七人）の順である。さらに一九一三年になると会社員（一二九四人）が第一位で、以下、雑業（八九四人）、商業（六一三人）、工業（五四九人）、官吏（三六七人）の順となる。そして一九一六年になると会社員（二二二三人）の一位は変わらないが、以下、商業（八九八人）、工業（七三六人）、雑業（七〇一人）、官吏（四七五人）の順になる。次第に雑業が減少して、商業、工業人口が増加していることがわか

人口動向（奉天） 単位：人

年	奉天満鉄附属地人口	奉天総領事館管内人口	奉天総人口
1907	2,579	2,216	4,795
1908	2,209	2,208	4,417
1909	1,921	2,012	3,933
1910	2,831	2,831	5,662
1911	3,258	1,780	5,038
1912	3,738	1,884	5,622
1913	4,040	2,150	6,190
1914	4,591	2,282	6,873
1915	4,995	2,085	7,080
1916	5,441	2,238	7,679
1917	5,917	2,781	8,698

注：奉天総人口は附属地、領事館内の合計
出典：『奉天経済十年誌』、59、61頁

る（同書、六三—六五頁）。

総領事館管内では若干様相が異なる。一九一一年からの動向を見れば、同年は雑業（五九〇人）が最も多く、以下、商業（四九一人）、工業（三〇〇人）、官吏（一〇七人）と続く。一九一三年になると雑業（八三八人）が依然第一位だが、以下、商業（五五九人）、工業（二八五人）、官吏（一四七人）と続く。そして一九一六年になると商業（八二八人）が首位に上昇し、以下、雑業（五一一人）、工業（三五七人）、会社員（二〇二人）と続いている。雑業人口が多いが、ここでも商業、工業の比率が高まっているのである。一九一〇年代の奉天での商工業の発展が職業構成に反映されてきている。

一九一〇年代の満鉄附属地・長春

満鉄の北辺の駅の長春では一九一〇年代にいかなる都市建設が進んだのであろうか。日露戦争時の最前線だったこともあり日露双方の利権が複雑に錯綜するこの地域の附属地形成は、日露対抗のなかで進行した。一八九六年、ロシアは中東鉄道の拠点だった長春に寛城子駅を建設して附属地を設定し、都市計画を開始した。

日露戦後はこの寛城子駅の所属をめぐって日露紛争が生じ、ロシアの所属となるなかで満鉄は、長春駅を寛城子より南に建設し、一九〇七年に長春・寛城子間の地域に満鉄附属地を設定し都市建設に乗り出していった。この間、清朝は日露戦争中の一九〇五年に日本との間で長春

日本人人口動向（長春）

単位：人

年	人口
1907	235
1908	567
1909	1,821
1910	2,370
1911	2,881
1912	2,975
1913	3,254
1917	16,491

出典：南満洲鉄道株式会社編『満鉄附属地経営沿革全史』下 339-340頁

に商埠地を設定することで合意し、長春旧市街と満鉄附属地の間に商埠地を設けた。長春は日本及びロシアの附属地、商埠地そして長春城内という四つの市街区を有することとなった（武向平「19世紀末～1920年代の長春都市形成―長春城・商埠地・附属地を中心として」『環東アジア研究センター年報』五）。

その後満鉄附属地の整備とともに長春の日本人人口は増加を開始した（表）。一九〇七年に二三五人に過ぎなかった日本人人口は一九〇九年には一八二一人に、そして一九一三年には三二五四人に、さらに一九一七年には一万六四九一人へと増加し、この一〇年で約七〇倍に達した。一九〇七年当時の日本人の職業をみれば官吏二五人、満鉄社員一九人、同駅員五九人、雑貨商九人、大工二九人、左官二人、土木請負三七人、同下請二二人、労力（人夫）一人、鉄道工夫三二人となっていた（『満鉄附属地経営沿革全史』下、三三九頁）。それが一九〇九年には官吏一一七人、農業一〇人、商業六三九人、工業四七九人、雑業三五〇人、芸妓酌婦八四人、無職三九人へ、さらに一九一三年には官吏一八六人、農業一一人、商業八九三人、工業八五二人、雑業七一七人、芸妓酌婦一四五人、労力四一八人、無職三二人へと増加していったのである（同書）。

撫順採炭量　単位:千トン

年	炭量
1907	233
1912	1471
1916	2044
1921	2772

出典:南満洲鉄道株式会社弘報課『満鉄撫順炭礦』、1940年、7頁

附属地都市・撫順の変貌

一九一〇年代に急速に膨張した附属地都市の代表が撫順である。石炭需要に応えるための撫順炭の輸送は、大豆と並ぶ輸送部門の儲け頭であった。撫順炭鉱は満鉄傘下に入ると急速にその設備を充実させた。満鉄傘下で操業を開始した当初は、千金寨、楊柏堡、老虎台の三坑の採炭から始まったが、それらの出炭量は一日三〇〇から四〇〇トンに過ぎなかった。

ところが一九一一年には大山、東郷の竪坑が完成し、一九一五年には万達屋坑、古城子旧露天掘が、一九一八年には龍鳳が、一九二〇年には新屯と古城子旧露天掘の拡張が進められ、出炭量は飛躍的に増大した(南満洲鉄道株式会社弘報課『満鉄撫順炭礦』、一九四〇年、二一―三頁)。

撫順の採炭量は年を重ねるたびに増加した。いま一九〇七年から一九二一年までの実績を示せば表のとおりであった。操業初発から一九一〇年代を通じてその出炭量は一二倍近く増加したのである。また撫順の満鉄附属地も当初は千金寨周辺だけであったが、その後、古城子坑開坑とともに六万坪ほど拡大し、一九一六年には、附属地の広さは二四万坪にまで拡大した(『満鉄附属地経営沿革全史』下、九四七頁)。

一九一〇年代のハルビン

ここで満鉄附属地ではないが、附属地と深い関係を持つ一九一〇年代のハルビンに目を向けてみよう。

日露戦前、東支鉄道の最重要拠点として、さらに旅順・大連までの東支鉄道南部線（後の満鉄）の起点として、文字通りロシアの満洲経営の北満拠点だったハルビン、そして日露戦後までロシア軍の軍事拠点だったハルビンとその後の変容の姿は越沢明『哈爾濱の都市計画　1898―1945』（ちくま学芸文庫、二〇〇四年）に詳しい。

では、日露戦後どのように変わったであろうか。ハルビンは大きくロシア人街（新市街）と中国人街（傅家甸《フージャーデン》）から構成される。一九一〇年代のハルビン人口動向は以下のとおりである（表）。外国人（ロシア人が多数を占める）は一九一〇年代後半から増加を開始し

ハルビン人口動向　　単位:人

年(月)	総数	中国人	外国人
1900	…	…	5,000
1902	…	…	40,000
1916	89,751	45,481	44,270
1918	157,379	94,000	63,379
1920	286,493	150,414	136,079
1923(11)	380,206	183,696	196,510
1924(6)	283,009	221,101	61,908
1926(10)	282,870	220,494	62,376
1928(10)	282,826	219,117	63,709
1930(9)	305,757	235,213	70,544
1931(9)	331,019	256,020	74,999

注:外国人は主にロシア人
注:1900年、1902年はロシア人人口のみ
出典:越沢明『哈爾濱の都市計画　1898-1945』ちくま学芸文庫、2004年、161頁

一九二三年には頂点を迎えている。

居住地域は区分され、中国人は傅家甸を中心に居住していたが、日露戦争中は軍需物資調達を中国人商人に依存した関係で、傅家甸は戦時景気で沸いた。戦後も東支鉄道はロシアの経営によったため北満特産大豆の集荷と大豆加工業の中心地としての繁栄を続けた。

しかし一九一七年のロシア革命の勃発と亡命白系ロシア人の居住地としてロシア人人口が急増した。日露戦後もハルビンは東支鉄道と松花江の重要拠点として、北満におけるロシアの政治・経済・交通・文化の中心として繁栄を続けたが、一九一七年に起きたロシア革命とシベリア出兵のなかで混乱し、革命に反対するロシア人（白系ロシア人）がハルビンに流入し、白系、赤系ロシア人の対立を内包し、これにユダヤ人を交えた国際都市へと変貌していった。

撫順炭鉱

「南満洲及東部内蒙古に関する条約」（一九一五年）の締結

一九一〇年代の関東州と満鉄附属地の現状と将来に大きな影響を与えたのが第一次世界大戦勃発直後の一九一五年に大隈《おおくま》内閣が中国の袁世凱《えんせいがい》政府に要求した「二十一か条の要求」の第二

号「南満洲及東部内蒙古に関する条約」（いわゆる「南満東蒙条約」）であった。

一九一五年五月には中国側の反対運動の高揚のなか、この第二号「南満洲及東部内蒙古に関する条約」を含めた一〇箇条が承認された。この条約の締結により旅順、大連の租借権、満鉄本線及び安奉線の租借期限が九九か年に延長された（第一条）。

この地域をロシアは一八九八年から二五年期限で租借していたわけだから、一九二五年には返還交渉がなされなければならなかった。しかし、この条約の結果、返還期限は一九九七年まで延期されたのである。

また日本人がこの地で農工業を営む場合の土地商組権が承認された（第二条）（堀川武夫『極東国際政治史序説―二十一箇条要求の研究』）。土地商組権を土地所有権と解すべきか土地使用権と解すべきかに関しては日中双方の解釈の相違があってその後も尾を引く問題となるが、一応土地所有に関するとっかかりを得たことになる。

ハルビンの聖ソフィア寺院

つまりはこの締結により関東州、満鉄附属地の租借期限を九九年間に延長することが決定された。さらにまたこの条約により「満洲に於ける帝国臣民の土地商租権、居住往来及営業」の「自由」が認められた（『満鉄附属地経営沿革全史』上、二六頁）。これが日本人や日本企業の対満進出を加速させたことは間違いない。
この延長規定と後述する第一次世界大戦の好景気の影響が

相まって、関東州、満鉄附属地ともに企業進出が積極化し、急速な発展を遂げていく。この大戦ブームは一九一〇年代後半から末まで継続することとなる。

第一次世界大戦の勃発と企業進出の激化

一九一四年に勃発した第一次世界大戦は、その主戦場が英・独・仏といった先進工業国が占めるヨーロッパであったがゆえにその経済的影響は、世界的に拡大した。先進工業地帯に代わって工業製品の発注は日米などに集中したからである。

その影響は、日本のみならず中国・インドさらには朝鮮や台湾、東南アジア各地にも広がり、満洲地域もその例外ではなかった。軍事景気を受けてこの時期、日本企業の満洲進出は急激に増加したのである。

まず、奉天での状況を見ておこう。一九一八年一一月から一九二〇年二月までに設立された会社数は株式会社八四社、総資本金一億二〇〇〇万円余、合資・合名会社は五五社、資本金二七五万円余に上ったという（佐々木孝三郎編『奉天経済三十年史』、一一六―一二二頁）。急激な膨張である。

しかし、これは奉天だけでなく全満州的現象だった。

この時期、満洲本社企業の設立年別数を見ると一九二一年までに設立された七七七社のうち、一六年から一八年までに設立された会社は一六二社（二〇・八％）、一九年から二一年までが五三九社（六九・四％）で、大戦期を含む一六年から二一年までの間に設立された会社を合すると七〇一社にのぼり全体の九〇・二%に達したのである（金子文夫『近代日本における対満州投資の研究』、二一三頁）。この間の事情を『関東庁施政二十年史』は、短く、一九一四年の「欧州大戦の開始に因り各種事業勃興し大正八（一九一九）年頃に至り満洲企業界の黄金時代を現出せむとする勢を呈」（下、五七〇頁）したと記している。

もっともこれはつかの間の現象に過ぎず、大戦終結後には反動不況が招来するのだが、その点は後述する。

このように満鉄附属地での街づくりが開始された直後に勃発した第一次世界大戦は一九一七年頃から大戦特需を生み出し、関東州や満鉄附属地への企業進出を加速させ、その拡大は、大連港貿易を活性化させた。

中国五大港貿易額割合推移　単位：%

年	上海	大連	漢口	天津	広東
1916	46	7	16	11	9
1917	46	11	15	11	8
1918	47	13	14	11	8
1919	46	14	13	11	9
1920	49	13	11	10	8

出典：篠崎嘉郎『大連』大阪屋号書店、1921年、790頁

一九一四年の大連の貿易総額八三〇〇万海関両は一九一九年には約二・八倍の二億三二三九万海関両に達した（篠崎嘉郎『大連』大阪屋号書店、一九二一年、八〇二—八〇三頁）。一九一九年年頭の「満洲日日新聞」は、「大正七（一九一八）年大連港の総勘定」と題する記事の中で「大連港は年々好成績を挙げて居るが殊に大正七年の繁忙は開埠以来のレコードである　此の原因はいうまでもないこと欧州戦争によって急に増進した日満貿易の発達と満洲全土に亘《わた》って勃興した諸工業の開始にある」（「満洲日日新聞」一九一九年一月一日）と指摘した。

この結果、一九一六年までは大連は、上海、漢口、天津、広東、大連の中国五大港中第五位であったが、一九一七年には広東を抜き、そして一九一八年には天津を抜いて第三位となり、そして一九一九年には中国では漢口を抜いて上海に次ぎ第二位の貿易額を誇る港へと成長したのである（前頁表）。

中村覚・中村雄次郎両都督の関東州経営

大戦好景気期の一九一四年九月から一九一七年七月まで、福島安正の後を継いで都督を務めたのが中村覚《さとる》であり、中村覚を継いで一九一七年七月から一九一九年四月まで都督を務めたのが中村雄次郎であった。

中村覚は西南戦争に参加、日清戦争時には侍従武官を務め、日露戦争時には旅順攻略戦で前線部隊を指揮し負傷している。その後、教育総監部参謀長、第一五師団長などを経て陸軍中将で都督に就任していた。

彼を継いだ中村雄次郎は陸軍軍人として砲兵畑を歩み、日清日露戦争では軍務局課長・局長として軍政統括の要の役割を演じた。その後、一九一四年から一七年まで満鉄総裁を務め、その後、一七年から一九年まで関東都督を務めた。そして彼が、関東都督の最後で、原敬《たかし》内閣の官制改革で都督府は廃止され、軍事部は関東軍に、民政部は関東庁へと再編・引き継がれて、文民による新たな統治の時代を迎えることとなる。

この両中村の都督時代は、二十一か条の要求以降の日中間の衝突や一九一六年八月に蘇家屯《そかとん》駐屯日本軍と奉天の奉天軍閥第二八師との間で「蘇家屯事件」と呼ばれる衝突事件が起きている。しかし、この事件は、一九一七年一月には大事に至らず解決しており、後述する二〇年代後半と比較すれば平穏な時期で、第一次世界大戦の影響で在満経済は拡大期を迎えたのである。

大町桂月、徳富蘇峰、細井肇の旅記録

大戦景気に沸いた一九一〇年代後半の時期の関東州と附属地の動向を日本を代表する思想家であり言論人でもある徳富蘇峰《とくとみそほう》（一八六三―一九五七）や詩人、歌人、評論家であった大町桂月《けいげつ》（一八六九―一九二五）、さらに新聞記者として朝鮮問題に深くかかわった細井肇《はじめ》（一八八六―一九三四）らが書き残している。

日本の近代的コロニアル・ツーリズムの展開を検討した米家泰作によれば、この時期は一九〇七年に次ぎ第二の旅行ブーム期だという（米家泰作「近代日本における植民地旅行記の基礎的研究：鮮満旅行記にみるツーリズム空間」『京都大学文学部研究紀要』五三）。一九〇七年の高まりを夏目漱石の「満韓ところどころ」で検討した本書では、引き続く一九一九年から二一年の時期を大町桂月、徳富蘇峰、細井肇の旅行記を素材にその内容の検討を試みたい。

徳富蘇峰は一九一七年九月に、大町桂月は一九一八年九月に、細井肇は一九一九年七月に満洲を訪れている。そして徳富は『支那漫遊記』（一九一八年）を、大町は『満鮮遊記』（一九一九年）

を、そして細井は『大亜遊記』（自由討究社、一九二二年）を上梓している。この時期は第一次世界大戦とロシア革命の影響が色濃く出ている時期である。

徳富は朝鮮半島を縦断して満洲へ入り満鉄附属地を通って関東州入りをし、そこから中国大陸を旅行して日本に帰国している。大町は、同じく朝鮮半島経由で満洲へ入り、関東州、満鉄附属地を含む満洲各地を旅行した後、朝鮮半島経由で帰国している。細井は台湾から大陸へ渡り、香港、上海、漢口、北京を経て満洲へ入り朝鮮半島経由で帰国している。

こう見ると朝鮮を経由して満洲に出入するというルートは一九一〇年代に入るとかなり一般的だったようだ。夏目漱石の時期と比較するとかなり観光ルート化されてきているように思われる。旅順は特にその感が強く、観光スポットとして三著書共にその紹介に頁を割いているが、漱石の時とは異なり、幾分旅行見聞記の感が強い。

また三人は、その著作のなかで、一九一七年に勃発したロシア革命とその極東への影響の拡大のなかでのロシア人の混乱と東支鉄道の動きを記述している。

徳富蘇峰は、一九一七年九月に奉天から寛城子、ハルビンへ、ハルビンから吉林、長春を旅して、寛城子で満鉄から東支鉄道へ乗り換えているが、満鉄に比べて不潔でサービスが悪いロシアの鉄道関係者の対応に怒りを感じ、訪れたハルビンには昔日の面影なく「大戦争と革命との影響を受け、殆ど百事荒廃の姿なしとせず。而して、労兵会の勢力は、此の処にも波及し、今や市の行政は彼等の掌握する所となり、事毎に東清鉄道幹部を牽掣しつつありという」（『支那漫遊記』、三三三頁）と記している。

大町も一年後の一九一八年一二月にハルビンを訪問しているが、しかし、もはや革命の混乱の記述はない。革命の混乱から急速に回復した状況を知ることができる。

ちなみに三者のなかで一番遅く一九一九年七月に北満を訪れた細井肇は、その紀行『大亜遊記』のなかでは、大連から奉天（現瀋陽）へ行く列車のなかにロシア人女学生の一団が乗り込んで自由奔放にふるまうさまを記述しているが、一九一九年半ば近くになると北満では、そんな雰囲気が列車内にも出始めていたことがわかる（『大亜遊記』、一九六―一九七頁）。

Ⅵ

関東庁による関東州統治と関東軍の活動

（一九二〇年代）

関東州の文官統治時代の到来と関東長官たち

一九一九年四月に関東都督府は廃止され、関東庁〈民事〉と関東軍〈軍事〉に分離された。一九二〇年代になるとそれまでの陸軍将官を長とする都督政治から文官をもってする関東長官統治へと変更されたのである。

一九一九年四月に林権助《ごんすけ》が初代関東長官に就任する。林は外交官出身であった。東京帝国大学卒業後は外務省に入省し、一九〇〇年以降は駐韓公使として、日露戦争前夜の韓国施政忠告権などを盛り込んだ一九〇四年の日韓議定書から日露戦争中及び戦後の一九〇七年までの三度にわたる日韓協約、そして一九一〇年の日韓併合に至る過程を主導した。

そして一九一六年からは駐中国公使として間島《かんとう》問題解決に奔走する。間島とは中国東北にあって朝鮮と接壌する朝鮮人居住地域である。一九一五年に中国と締結した「南満東蒙条約」には中国東北での日本人の特権が盛り込まれたが、これが在満朝鮮人にも適用されるか否かで日中間でもめたのだが、林はこの問題で日本側の主張を通すために奔走した。一九一七年には清朝復活を期した張勲《ちょうくん》の反乱が発生したが、林は親日派の段祺瑞《だんきずい》を通して張勲の動きを封じて中国安定化の工作を行っている。

林の後を受けて関東長官に就任したのが、山縣《やまがた》伊三郎で、一九二〇年五月から二二年九月までを勤め上げた。山縣伊三郎は、山縣有朋の養子としてドイツ留学後は内務官僚の道を歩み、一九一〇年の日韓併合後は寺内総督のもとで政務総監を務めた。そして一九一九年三月に起きた三・一独立運動を鎮圧した後、政務総監を辞して林の後の関東長官に就任した。二年余の任期中の一九二〇年一〇月には間島事件が、二一年五月には第一次東方会議が、二二年四月には第一次奉直戦争が勃発している。

間島事件というのは、一九二〇年一〇月初頭に間島の琿春《こんしゅん》にある日本領事館が中国軍ゲリラの襲撃を受けて数十人の死傷者を出したことに対し、日本側が間島に一万の兵力を出し、多数の一般住民を虐殺した事件である。

二一年五月には第一次東方会議が開催されるが、ここで日本側は張作霖支援の方針を決定している。翌二二年四月には張作霖率いる奉天軍が長城線を越えて関内へ進出、そこで呉佩孚《ごはいふ》率いる直隷軍と武力衝突を起こすが、このときは奉天軍が敗北し、張作霖は敗走、奉天へ帰還している。

山縣を継いで一九二二年九月から二三年九月まで関東長官を務めたのが外務官僚の伊集院彦吉《いじゅういんひこきち》であった。しかし一九二〇年代前半までは、多少の波風は立ったが、関東州と満鉄附属地の政治情勢は比較的平穏だった。

関東軍の成立と初期の司令官たち

一九一九年に関東庁と並行して設立された関東軍の初代司令官は一九一九年四月に就任した

立花小一郎《こいちろう》中将であった。彼はその後、陸軍大将としてシベリア出兵時にはウラジオ派遣軍の最後の司令官を務めた。第二代は一九二一年一月に就任した河合操《みさお》中将である。彼はその後、参謀総長になっている。第三代は一九二二年五月に就任した尾野実信《おのみのぶ》大将で、彼は引退後に大日本相撲協会会長に就任している。

一九二〇年代の前半のこの時期は、関東州と満鉄附属地ではさほど大きな軍事衝突や事件はなく、奉天軍閥の張作霖も北京周辺での戦闘を展開しており、中国東北は表面上は平穏さを保持していた。

関東軍は日本から派遣される駐箚一個師団（約五八〇〇名）と鉄道守備隊六個大隊（約四八〇〇名）の合計一万余名から構成されていた。このうち鉄道守備隊は予備役や後備役の志願兵から構成されていたが、一九一六年から現役兵編成となり、そして一九二七年からは現地入隊兵に限定して採用されることとなった。兵員も一九二五年の宇垣《うがき》軍縮で鉄道守備隊は六個大隊から四個大隊編成に縮小されたが、一九二九年には再び六個大隊に戻された。当時、鉄道守備隊の司令部は公主嶺に、駐箚師団の師団司令部は当初は遼陽にあったが、一九一九年以降、関東軍の誕生とともに旅順に移された。

関東軍司令部

一九一九年に旅順に関東軍司令部が設置された（写真右）。満洲国成立以降の一九三三年に新京と称された長春に関東軍司令部が移転するまで、この地に関東軍司令部が置かれていた。

旅順の関東軍司令部

長春の関東軍司令部

現在の長春の人民大街に面した中心地に関東軍司令部（写真左）は新設されたが、日本の城郭の天守閣を連想させる威圧的な建物とは対照的に、旅順のそれは長春の関東軍司令部ほどの威圧感は感じない。

旅順の司令部は、現在博物館として使用されている。中央玄関から階段を二階に上がると会議室に使用されていたのではないかと思われる大部屋とそれに隣接する小部屋があるが、おそらくその小部屋は参謀長が執務した部屋ではなかったかと想像される。

一九一九年に関東軍が誕生した当初の司令部の建物は、のちに「泣く子も黙る」と称された関東軍を連想するのが難しいほど、おとなしげで、その任務は関東州と満鉄沿線の守備に限定されていた。この建物は、そうした当時の雰囲気を醸し出すようにつつましやかに立っている。満洲国建国後の長春の関東軍司令部の威圧振りな建物そのものが、関東軍の性格の変容を物語っているといっても過言ではない。

旅順ヤマトホテル

関東軍司令部からさほど離れていないところに旅順ヤマトホテルがあった。このホテルは、川島浪速《なにわ》と組んで満蒙独立運動を展開し戦死したバボージャブ（把布扎布）の次男カンジュルジャブ（甘珠爾扎布）と川島浪速の養女川島芳子《よしこ》（清朝の皇族で、本名は愛新覚羅顕玗《あいしんかくらけんし》）が結婚式を挙げたところであり、夏目漱石、与謝野鉄幹《よさのてっかん》・晶子《あきこ》夫妻が宿泊したことでも知られている。

夏目漱石は「満韓ところどころ」では、部屋で休んでいると「四辺が森閑としている。ホテルの中には一人も客がいないように見える」「寝床には雪のような敷布がかかっている。柔らかい絨毯が敷いてある。豊かな安楽椅子が据えてある。器物はことごとく新式である。床には一切が整っている。外と内とは全く反対である。満鉄の経営にかかるこのホテルは、固より算盤を取っての儲け仕事でないという事を思い出すまでは、どうしても矛盾の念が頭を離れなかった。食堂に下りて、窓の外に簇《むら》がる草花の香りを嗅ぎながら、橋本と二人静かに午餐の卓に着いたときは、機会があったら、ここにきて一夏気楽に暮らしたいと思った」（夏目漱石「満韓ところどころ」漱石全集刊行会『漱石全集』第一〇巻、二四三―二四四頁）と記している。相当気に入ったのだろうと思われる。

時代は下がって一九二〇年代後半に関東軍参謀だった石原莞爾《かんじ》もしばしばこのホテルを客人もてなしに使った記録が残されている。石原の友人で満洲事変後に「満洲産業開発五か年計画」

立案に中心的役割を演じた満鉄調査部の宮崎正義《まさよし》（小林英夫『「日本株式会社」を創った男　宮崎正義の生涯』参照）も旅順の石原を訪問した一九三〇年に旅順ヤマトホテルを訪れて、以下のような感想を残している。「旅順のヤマト・ホテルはたまにしか泊り客のない閑静な小さなホテルである。避暑地の山荘といった感じである。広間、談話室、食堂、球戯場など塵一つない清潔さだが人影もない」（保坂富士夫編『石原莞爾研究』第一集）。

多くの著名人が旅順訪問の旅ごとに宿泊したホテルであるが、現在は閉鎖されていて、廃屋同然となっていて、ごみが散乱する建物に往年の面影は何もない。

旧旅順ヤマトホテル
（老朽化し、いまは廃墟と化している）

戦後不況の嵐と奉天、大連経済

政治状況は今述べたように比較的平穏だったが、経済状況には変化が出てきていた。一つは第一次世界大戦を契機とした日本企業の関東州・附属地への進出ラッシュと大戦終結後の恐慌の到来による日本企業の倒産と撤退による日本の経済力の後退である。

いま一つは、大戦後に日本企業の停滞を尻目に中国企業の躍進が顕著であったことである。第一次世界大戦後に日本をはじめアジア全域で深刻な不況が襲来するが、関東州、満鉄附属地

解散・自然消滅会社一覧

株式会社にして解散または自然消滅及び合併したもの	33社
株式会社支店出張所にして合併または廃止せるもの	29社
合資会社にして合併または廃止せるもの	26社
合資会社支店及び出張所にして合併または廃止せるもの	3社
個人営業にして合併または廃止せるもの	35社
合計	126社

出典：佐々木孝三郎編『奉天経済三十年史』1940年、133－140頁

をも例外とはしなかった。『奉天経済三十年史』によって一九一八年一一月から一九二〇年二月までの奉天の会社設立状況を見れば、この間に設立された株式会社数は八四社、合資・合名会社は五五社、合計一三九社であったが、一九一九年以降、解散・自然消滅した会社は一二六社に上った（表）。

この点に関して、『奉天経済三十年史』は、次のように記述していた。「欧州大戦直後の奉天事業界の受けた打撃ほど悲惨なものはなかった。事業界といっても事業そのものが屢述《るじゅつ》の如く思惑的、投機的虚業が多かったので大パニックの旋風の前には一たまりもなく吹き飛ばされたのである」（佐々木孝三郎編『奉天経済三十年史』、一二八頁）。

バブルの崩壊とともに泡沫企業は雲散霧消していったのである。『奉天経済三十年史』は「計画杜撰《ずさん》、技術拙劣、不真面目極まるものが多かった」（四七三頁）とも記している。

大連も例外ではなかった。一九二一年年頭の「満洲日日新聞」は、「新春早々徴収すべき大連管内滞納税　税務当局を手古摺《てこず》らせる期限の切れた三〇余万円　本年度は更に二百万円の増収」（「満洲日日新聞」一九二一年一月一九日）なる見出しで、一九二〇年代以降の「悄《しお》れ方と来たら全く惨めなもの」（同紙）だと評していた。同紙の二一年の新

年早々の「特産雑記」も特産大豆取引の「凋落」を報じ「金融逼迫《ひっぱく》」状況を伝えていた（『満洲日日新聞』一九二一年一月二〇日）。

一九二〇年代半ばの満洲工業

ここで一九二〇年代半ばの満洲工業の実態を概観しておこう。一九二五年における大連商業会議所の調査によれば、満洲（関東州、満鉄附属地、領事館内、ただしハルビン、吉林地域を除く）の業種別・地域別工場数は次頁の表のとおりである。

工場数では、大連が三二〇社で全体の約四六％を占め、大連に安東、奉天、長春の四都市の工場数を合算すると四六三社を数え、全体の六六％に達するのである。つまり一九二〇年代の満洲の工業は、大連を中心に上記四都市に集中していたのである。

さらにその業種別内訳を見てみると、化学が二一七社で全体の三一％で最も多く、以下、飲食物の一七二社（二五％）、雑工業の一二六社（一八％）、機械器具の一〇九社（一六％）の順になっていた。首位を占める化学工業の中身を見れば大豆加工を中心とした油房が圧倒的多数を占めており、「油房は満洲における諸工業の中心をなして、その数百三十六に上り、主要都市は勿論大豆集散市場は何れも操業を見ざる処なき有様にて、之に伴う硬化油、石鹼《せっけん》、グリセリン、蠟《ろう》燭《そく》及びペイント類の製造もまた逐次発展の途に入りつつある」（大連商業会議所『満洲工業情勢』、二頁）状態だった。

関東州・満鉄沿線並びに領事館内にあって職工５人以上を雇用する工場数

業種		大連	安東	奉天	長春	その他	合計
染織	日本企業	4	2	6	–	6	18
	中国企業	12	4	2	–	11	29
	合計	16	6	8	–	17	47
機械器具	日本企業	45	6	7	–	9	67
	中国企業	28	1	0	–	13	42
	合計	73	7	7	–	22	109
化学	日本企業	14	7	3	6	19	49
	中国企業	98	4	1	5	60	168
	合計	112	11	4	11	79	217
飲食物	日本企業	27	14	13	2	32	88
	中国企業	10	8	7	3	56	84
	合計	37	22	20	5	88	172
雑工業	日本企業	47	17	6	8	11	89
	中国企業	32	1	3	0	1	37
	合計	79	18	9	8	12	126
特別工場	日本企業	3	2	2	3	21	31
	中国企業	0	0	0	0	0	0
	合計	3	2	2	3	21	31
合計	日本企業	140	48	37	19	98	342
	中国企業	180	18	13	8	141	360
	合計	320	66	50	27	239	702

注：大連、安東、奉天、長春の４都市を選択し、残りの15都市はその他とした。
注：特別工場とは瓦斯業、電気業、製鉄所などを指す。
注：民族別工場区分は、工場名、民族別職工数等から判定した。
出典：大連商業会議所『満洲工業情勢』1926年、２－３頁、10－71頁

一九二〇年代の中国人企業の躍進

問題は、満洲工業化を担った企業家を見ると日中両国企業家たちの中で、中国人企業家の比率が高いことである。

先の大連商業会議所の総数七〇二社中日系企業が三四二社、四八・七%に対して、中国系企業は三六〇社、五一・三%で、わずかながらだが中国系企業数が日系企業数を超えている。この傾向は、満洲産業を代表する大豆搾油業(油房)が所属する化学産業において著しい。

先の大連商業会議所の調査によれば日系企業四九社(二二・六%)に対して中国系企業は一六八社(七七・四%)と社数では圧倒的優位性を示している。その一方で、中国系企業数が日系企業数を上回るのは染織と化学だけで、残りの機械器具、飲食物、雑工業では日系企業数は中国系企業数を上回り、特別工場に至っては中国系企業数はゼロと記載されている。

しかし、大連商業会議所調査で中国系企業数がゼロと記録されている特別工場も、別の記録を見てみるとこれとは異なる企業数が見られる。

たとえば、『満州経済の発達』は次のように記述している。電力事業は「一九一六年現在に於いて日本側一三に対し、支那側僅かに五なりしに、翌一七年日本側の五社設立に刺激せられて、一八年には支那側にも五社設立をみ、一九二三年以降二七年迄に毎年支那側に三社乃至六社計二十社という顕著な発展ぶりを示し、現在支那側四九、日本関係三一、発受電容量に於て支那側一九％、日本側八〇％、点灯数に於て支那側三二％、日本側六七％を呈し、而もここに日本資本に対する支那資本の対立が、哈爾浜、奉天、長春、安東、四平街、海城等に於て先鋭化し、地方的な紛糾を累《かさ》ねると共に、それは政治的に反映し、旧軍閥政府の日本資本の勢力進出に対する抑圧ともなって表れた」（天野元之助『満州経済の発達』、五〇―五一頁）。

『満洲経済の発達』によれば、一九二〇年代における中国企業の躍進と追い上げは、電力部門だけに限らない。それは豆粕（日本九％対中国九一％、以下同様）、紡績（五五％対四五％）、榨蚕（一六％対八四％）、燐寸《マッチ》（四五％対五五％）にまで広がっていった（金子文夫『近代日本における対満州投資の研究』、三六八頁）。

中国企業の進出は民間企業だけではない。張作霖は、一九〇二年に設立され、一九二〇年代初頭には銃器、弾薬の生産にとどまっていた軍工廠を二一年から二三年にかけて資本金五億円、技術職工一万人を擁する総合軍工廠に拡充し、その名も東三省陸軍兵工廠と名称を変更したのである（『奉天経済三十年史』、一五八頁、『東北年鑑』瀋陽、三一二頁以下、東亜同文会調査編纂部『支那年鑑』、三七二頁）。

奉天軍閥が擁する軍事力は兵員三六万五〇〇〇、保有する兵器は小銃三〇万余、機関銃一三〇〇余、迫撃砲一〇〇〇余、火砲五八〇余、飛行機一九〇余であった。

当時最大の兵力を有していた蔣介石《しょうかいせき》軍指揮下の中央軍が兵員六二万弱、小銃四八万弱、機関銃二四〇〇余、迫撃砲一〇〇〇余、火砲八三〇余、飛行機一四〇余であったことを考えると張作霖・学良麾下《きか》の奉天軍は中央軍に次ぐ第二の強大な兵団だった（及川恒忠編『支那政治組織の研究』、七六〇―七六一頁、土田哲夫「南京政府期の国家統合」中国現代史研究会編『中国国民政府史の研究』）。中国企業の成長と拡大は、民間企業から軍閥傘下の企業まで全般に及んでいたものと思われる。

中国企業の成長の秘密

一九二〇年代、関東州での日本企業の後退とは対照的に中国系企業が成長し、次第に日本企業を駆逐し始めた理由はどこにあるのか。

中国人企業の競争力は、従業員の技術習得力の高さ、販売員のネットワークの広さと強靱さ、経営者のマネージメント能力の高さなど、その総合力において日本企業のそれらを上回る企業力に起因するといえる。

満鉄のような独占的大企業やその子会社や関連会社を除くと日系地場企業の競争力は、中国系企業と比較すると劣っていた。したがって、大豆搾油の油房業や製粉の磨房、大豆取引の糧桟、綿布などの紡織業などでは中国系企業が日系企業を凌駕して強い競争力を有することとなる。

中国系企業の経済力は日系地場企業を圧倒し、日系地場企業は次第に窮地に追い込まれていった（塚瀬進『満洲の日本人』五・「苦悩する在満日本人」参照）。一九一〇年代から二〇年代にかけて次第に力を増してきた反日運動を支えたのは中国系企業であったが、彼らはそうした反日運動の一翼を形成し、張作霖らの軍閥勢力と結びついて商圏を拡張していった。

日系地場企業と比較して中国系企業が優位に立てたもう一つの理由は、彼らが金銀比価を巧みに利用してある時は危機を回避し、またある時は利益を確保する通貨感覚の鋭さにあった。関東州は、他の中国地域と同様に金銀通貨が混流する地域であり、日系企業は円建て、即ち金貨圏で商売していたが、中国系企業は銀建て、つまり銀貨圏をその活動舞台とし、金貨圏と交流しつつ商業活動を展開していた（渡邊精吉郎『満洲に於ける金資と銀資』）。したがって、中国系企業は金銀為替操作で利益を上げる余地が大であったのに対し、日系地場企業は為替操作に不慣れで、そうした術を駆使する能力に欠けていたのである。

こうした諸要因が重なって一九二〇年代には日系地場企業は次第に中国企業との競争で劣勢に立たされることとなる。

奉天軍閥の伸長と関内進出

中国人の躍進は商工業だけでなく政治面でも現れる。一九一〇年代から二〇年代にかけて張作霖軍閥が奉天を拠点に勢力を拡大させたことはそれを物語る。

奉天軍閥ともいわれた軍閥の領袖の張作霖は、一八七五年に遼寧省の海城で生まれている。若くして緑林（馬賊）の道に入り、日露戦争時には軍事スパイとして活動したといわれている。その後、清朝中央から交代で派遣される東北総督の下で奉天を拠点に軍事力を蓄え、一九一一年に辛亥革命が勃発し、その影響が中国全土へ広がるなかで、彼は清朝中央の袁世凱に与し革命派を弾圧している。その功で、彼は袁世凱から第二七師長に任命され、一九一六年には奉天督軍兼省長に就任し、奉天省の軍事的実権を握り、それを基盤に同省の政治・経済を掌握した。

その後、張作霖は一九一七年には黒龍江省を、一九年には吉林省を配下に収めて東北三省の支配者となった。張作霖は、東北地域を制覇すると、さらに山海関を越えて関内へと進出する。一九二〇年七月に安徽《あんき》派と直隷《ちょくれい》派が戦闘を交える河北省に張作霖は安徽派と組んで戦闘しているが、二二年四月の第一次奉直戦争では直隷派の呉佩孚に敗北、いったんは東北に後退するが、二四年九月の第二次奉直戦争では直隷派の馮玉祥《ひょうぎょくしょう》のクーデターにより逆に呉を破り、揚子江近くまで勢力範囲を拡大した。

張作霖のこうした活動を支えた基盤は、第一に大土地所有にある。張作霖の土地所有面積はおおよそ一五万一六〇〇晌（一晌は約一ヘクタール）で、東三省官憲有力者の中では最大である（天野元之助『満州経済の発達』、三九―四一頁）。

張作霖は、東北最大の土地所有者であるとともに奉天三畬糧桟や三畬当祥銀号といった糧《リャン》桟《ジャン》〈大豆取引業兼農村金融業者〉や銀行を所有し、奉海鉄道や奉天紡沙廠の大株主として東北経済に大きな影響力を有していた（南満洲鉄道株式会社庶務部調査課『東三省官憲の施政内情』付録）。そして東北における中国人資本の力の増大は、張作霖を頂点とした奉天軍閥の経済力の拡大をもたらしていたのである。

軍閥戦争の特徴

張作霖の勢力拡張は急速であった。一九二四年の第二次奉直戦争以降、戦線は北京周辺からわずか三年足らずで揚子江北岸地域まで拡張している。しかも決戦を交えることも少ないまま占領地域が拡張している。

軍閥戦争の勝敗の鍵は戦闘力よりは外交力の優劣にある。『世界最終戦論』(一九四〇年)を書いた石原莞爾は、一九二〇年四月から中支那派遣隊司令部付として中国の漢口で一年余を過ごしているが、日露戦争と大きく異なる軍閥間の戦争を観察して、武力優先の日露戦争を「決戦戦争」と特徴づけ、外交戦優先の軍閥戦争を「持久戦争」と名付けた(石原は後に欧州へ留学して、さらにこれをギリシャ・ローマ時代から第一次世界大戦までの戦争発展史に位置付けて「決戦戦争」を「殲滅《せんめつ》戦略」に、「持久戦争」を「消耗戦略」と変更した。詳しくは小林英夫『昭和ファシストの群像』、八四頁参照)。

したがって、軍閥は一九二〇年代の中国で離合集散を繰り返す「持久戦争」を展開していた。一九二〇年代前半までの日本政府の関わり合いはこうした軍閥戦争へは不干渉であった。日本政府と関東軍は、一九二〇年代前半までは関東州と満鉄附属地を防衛する、つまりは中国東北での日本の特殊権益を守るというのが基本戦略で、それを第一義的に考えて行動してきたわけである。

郭松齢事件

しかし、関東軍は、一九二〇年代の半ばになると奉天軍閥への干渉を強めていく。張作霖の関内進出が、様々な矛盾と軋轢を引き起こしてきたことがその理由である。

まずは他の軍閥の反発である。一九二五年には軍閥の領袖の孫伝芳《そんでんほう》、馮玉祥の反撃を生む。反発は他の軍閥からだけでなく、身内の中からも発生する。一九二五年一一月には腹心の部下だった郭松齢の反乱が勃発した。郭松齢の反乱の背後には、蔣介石が推し進める国民革命への郭の共感、中国で教育を受けた郭と日本留学組のトップで陸軍士官学校出の楊宇霆《よううてい》との奉天軍閥内の武人派内での確執などがあった（佐藤元英「郭松齢事件をめぐる外交と軍事」中央大学文学部紀要『史学』第五九号、二〇一四年三月）。

郭は張作霖軍閥傘下の有力軍団を指揮し、「奉天省城殆んど無兵備」（佐々木孝三郎編『奉天経済三十年史』、一七一頁）であったため、郭の反乱の報を聞いた張作霖は「色を失い総司令部は極度の大混乱を呈するに至った」（「満洲日日新聞」一九二五年一一月二六日）という。奉天軍閥内の混乱は深まり「人心極度に動揺し奉天城内不安」（同紙）が広がり、「奉票（奉天票、奉天軍閥が発行した紙幣──引用者）は下落し商業途絶」（同紙一一月二八日）という状況に陥った。当初「日本は厳正中立」（同紙一一月二七日）を表明していた。

この間も軍閥戦争によくあるように、郭・張両軍は対峙したまま外交戦を展開する。郭が「張氏が下野すれば干戈を収める」(同紙一二月三日)と主張し、張の下野を要求した。時間とともに張作霖傘下の軍勢が集結するなか、一二月初め葫蘆島《ころとう》から錦州周辺で両軍が激突する可能性が高まるうち、一二月七日には張作霖軍は郭軍に敗北、「遼河東岸へ総退却」し張作霖は「下野決意」(同紙一二月七日)を迫られる段階に入った。張作霖の運命は風前のともしび、ともいうべき時、白川義則《よしのり》関東軍司令官は、「帝国の特殊地位を尊重すべく」(同紙一二月九日)、張作霖・郭松齢両軍に対して満鉄線沿線での戦闘を禁ずる声明を発した。

ここで郭軍の進軍は停止し、張作霖軍は軍を整える時間を得た。加えて一二月一六日白川関東軍司令官は再度警告書を両軍に発した。その内容は「南満鉄道附属地両側及該鉄道主末点より約二十支里(約一二キロメートル)以内に於いて両軍の特別戦闘動作は勿論我が附属地の治安を紊《みだ》す虞《おそれ》ある軍事行動はこれを禁止す」(同紙一二月一六日)というものであった。

反撃体制を整える時間的余裕を得た張作霖軍は、遼河沿岸の大民屯に陣地を構築、郭軍との決戦に臨んだ。一二月二三日張作霖軍右翼が郭軍に大勝し、張学良率いる左翼も郭軍を側面から圧迫し、呉俊陞《ごしゅんしょう》率いる騎馬隊が迂回して退路を断つに及んで「郭軍総退却開始」(同紙一二月二四日)に至った。二四日には郭軍は、新民屯の日本領事館を通じて張作霖に対して降伏を宣言し、領事に調停方を依頼した(同紙一二月二五日)。この直後、郭松齢は捕らえられ銃殺に処せられて、反乱事件は幕を閉じた。

北伐の進展と張作霖の敗退

郭松齢事件を契機に関東軍の軍閥抗争への干渉が強まり始める。それは張作霖の影響力の減退と連動して次第に強まっていった。一九二六年七月蔣介石は国民革命軍総司令に就任し北伐を開始した。これに対し、張作霖は山西省の閻錫山《えんしゃくざん》、山東省の張宗昌《ちょうそうしょう》、長江流域の孫伝芳らと組んで蔣介石軍を迎撃し、二七年に蔣介石軍を撃退、蔣介石をいったんは下野へと追い込んでいる。

しかし、英米の支援を受けて勢力を回復した蔣介石は国民革命軍総司令として二八年四月に再度北伐を開始した。張作霖は、これに対して諸派を結集し、自ら安国軍総司令に就任し「赤化防止」をスローガンに蔣介石と対峙したが、蔣介石の勢いを止めることはできず蔣介石率いる北伐軍の前に連戦連敗、ついに一九二八年六月、北京を捨てて奉天への撤退を決意する。

撤退途中の六月四日早朝、京奉線と満鉄線が交差する奉天郊外で、関東軍参謀河本大作《こうもとだいさく》指揮下に独立守備隊の中隊長だった東宮鐵男《とうみやかねお》大尉たちの手で座乗列車が爆破され、張作霖は重傷を負い、それがもとで数時間後に死亡した。郭松齢事件に端を発した関東軍による張作霖軍閥への干渉は、軍閥領袖の張作霖殺害事件にまで発展したのである。

張作霖爆殺と事件現場

張作霖爆殺現場には、現在博物館が建てられており、天井が爆破された張作霖座乗の列車の模型も展示されている（写真）。

張作霖を爆殺したのは関東軍ではなくソ連のスパイだったという「コミンテルン陰謀説」が流れたことがあったが、秦郁彦『陰謀史観』（新潮新書）が指摘したようにこの説は裏付けに乏しく信ぴょう性に欠ける（一四八―一六六頁）し、現場を見ると、これまで言われているように満鉄線と京奉線のクロスガード地点で、満鉄線から下を走る京奉線に爆薬をセットしたと考えるのが自然であり、納得できる。しかも爆破地点は奉天満鉄附属地内にあり、関東軍は、極秘のうちにどのような準備も可能だった場所である。現場で指揮を執った東宮鐵男の戦前（康徳七年、一九四〇年）出版された『東宮鐵男伝』では一九二八年五月一七日から六月八日までの「奉天独立守備中隊長時代日誌」は「都合により全文削除」（四〇六頁）となっている。

しかし、戦後になり極東国際軍事裁判で田中隆吉《りゅうきち》が張作霖の殺害者は河本大作だと証言しているし、また、相良俊輔『赤い夕陽の満州野が原に』（光人社、一九七八年）は、「あらたに発掘し

皇姑屯事件博物館（高橋信郎氏提供）
爆破された張作霖座乗の列車のレプリカが展示されている

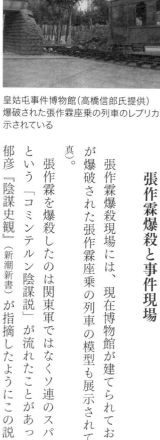

た資料」（一六四頁）をもとに、いかに鉄道爆破に使用する火薬を調達し、それを東宮の自宅の倉庫に運び込み、犯行現場まで運んだか、を詳細に記述している。さらに河本大作の孫にあたる桑田冨三子はその著作『「張作霖を殺した男」の実像』（文藝春秋企画出版部、二〇一九年）のなかで河本の張作霖爆殺決意を綴った「磯谷廉介《いそがいれんすけ》中佐宛」書簡をはじめ河本大作が交わした手紙類を紹介しつつ報道、証言を交えて爆殺事件を丁寧に追っている。

これらの著作から判断すれば、この事件は陸軍上層部の反張作霖派の意向を忖度して河本が東宮らの同志を巻き込んで張作霖殺害に及んだとみるのが自然であり納得できる。日本人が多数居住する奉天の附属地で準備されたということがあるのだろうが、この事件は、発生当初から、日本人関与説が中国人のみならず奉天在住日本人の噂の種となっていたことは、のちの与謝野鉄幹・晶子の旅日記でも明らかである。

この背景には、これまで述べてきたような関東軍と奉天軍閥の間での確執・対立が表面化しており、多くの満洲在住者にとって日本軍人による張作霖殺害の企てが予想される段階に来ていたことがあると思われる。

易幟

一九二八年六月四日早朝の爆破事件で重傷を負った張作霖は、そのまま奉天の張作霖邸に運び込まれるが数時間後に死亡する。その後葬儀に至るまでを見ておくこととしよう。

事件発生後の張作霖の動静は秘密にされ、あたかも加療中であるかのごとく附属地内の日本医薬店に高価な医薬品や医療器具の発注がなされ、中国人見舞客の訪問がみられた。また、張学良《がくりょう》の弟の張学銘《がくめい》を呼んで奉天で毎晩豪遊させ張作霖の眼鏡を修理（ＮＨＫ取材班・臼井勝美『張学良の昭和史　最後の証言』、七〇頁）させるなど、緻密で巧妙な偽装工作が展開された。

しかし日本人関係者や医師の接触は厳しく禁じられていた。そのため関東軍の意を受けて接近を試みる者もいたが、その試みは成功しなかった。事件発生五日後の六月九日頃より張作霖死亡の噂が流れ始め、八日には張作霖邸の門前に焼香の香りが漂い始め、透けた女人の喪服が散見されるようになった。この間に華北にいた張学良が変装して奉天に戻り、家督を継いだ後で六月二一日に張作霖の死去を宣告し、八月五日から三日間葬儀を執り行った（林久治郎『満州事変と奉天総領事』、一八―二六頁、ＮＨＫ取材班・臼井勝美『張学良の昭和史　最後の証言』）。

張作霖が死去した六月四日は張学良の誕生日であった。父を失って深い悲しみに包まれた張学良は、その後自らの誕生日を六月一日に変更したという（ＮＨＫ取材班・臼井勝美前掲書）。この事件を契機に張学良は蔣介石に接近し、一九二八年一二月二六日に易幟《えきし》（これまでの五色旗から国民党の青天白日旗に変えること）を断行、国民党への帰属を宣言し東北辺防軍総司令に就任した。

張学良の反日の姿勢は一九一五年の日本の二十一か条の要求への反対デモ参加に始まるという。その後日本を訪問する機会を持ち、陸軍軍人と接触するが、彼らの中国人蔑視の態度に反感を持ち彼の反日姿勢は一層強化されたという（同書）。

それまで表に現さなかった張学良の反日姿勢は六月の張作霖爆殺事件をもって急速に表面化

したと見ることができよう。張学良は、翌一九二九年一月には張作霖時代の有力者で日本との接触が強く易幟に反対していた張作霖時代の有力幕僚の楊宇霆と黒龍江省の省長常蔭槐《じょういんかい》を自邸大青楼の老虎庁に誘い出し、その場で処刑、日本と対立する路線を鮮明にした。

関東軍の混乱

他方、張作霖爆殺事件は、その事件処理をめぐり関東軍内に混乱を生み出している。張作霖の擁護派だった関東軍司令官の白川義則は一九二六年七月には張作霖と距離を置く武藤信義《のぶよし》に交代し（澁谷由里『馬賊で見る「満洲」』、一四九―一五六頁）、そして一九二七年八月には軍司令官は張作霖打倒派である村岡長太郎に交代している。村岡長太郎は就任七か月後の一九二八年六月に張作霖爆殺事件に直面し、彼は責任を取る形で翌二九年七月予備役に編入された。

さらに一九二九年七月、政友会の田中義一《ぎいち》内閣は、遅延する事件処理を天皇に叱責された責任をとって総辞職し、民政党の浜口雄幸《おさち》内閣と交代している。この間村岡長太郎の後を継いで第八代関東軍司令官に就任した畑《はた》英太郎は満洲事変勃発前の一九三〇年五月に旅順で病死している。田中を辞任に追い込んだと同じ「政争」が畑をも過労に追い込んだものと想定される。次いで関東軍司令官に就任したのが菱刈隆《ひしかりたか》大将だが、彼も一年足らずで一九三一年八月にはその職を本庄繁《ほんじょうしげる》に譲っている。満洲事変が勃発したのは本庄の司令官就任一か月後のことであった。

ところで、一九二〇年代からの関東軍の司令官の任期を今一度見てみよう。郭松齢事件に関連した関東軍司令官の白川義則までの関東軍司令官は立花小一郎、河合操、尾野実信そして白川義則の四名で、白川を除けばさしたる事件は発生していない。

ところが白川以降の関東軍司令官は武藤信義、村岡長太郎、畑英太郎、菱刈隆の同じく四名であるが、村岡は張作霖爆殺事件の責任をとって予備役へ、畑は事件の後の処理をめぐる過労もあってだろうが急死している。

一九二〇年代後半の交代任期は、二〇年代前半と比較するとはるかに激動を連想させる。そんな中に日本国内での一九三〇年代前半の皇道派と統制派の対立に至る軍内部の抗争の始まりと合わせて二〇年代後半の東北地域の混乱と関東軍の動揺の一端が現れているといえよう。

関東長官たちの苦闘

一方、関東長官のほうだが、こちらは一九二三年九月に前述した外務官僚の伊集院彦吉の後を継いで児玉秀雄が就任している。彼は一九二三年九月から二六年一二月まで長官を務めた。この間、前述したように、一九二四年九月に第二次奉直戦争、一九二五年一一月に郭松齢事件が勃発、二六年七月には北伐開始、二八年四月の北伐再開と立て続けに中国政治上の激震が走る時期である。この前後から中国東北も激動の時代に入っていく。林から、山縣、伊集院、児玉までの四人の関東長官の平均任期は約二四か月である。

そして児玉の後を継いで長官となったのは政党人の木下謙次郎であった。木下は一九二六年一二月から二八年八月まで関東長官を務めた。一九二七年五月には第一次山東出兵、一九二七年六月には東方会議、一九二八年六月には張作霖爆殺事件と続けざまに大事件が発生し、関東州、満鉄附属地は激動の時代に入ってきている。

この間について、木下は、関東長官は「別段面倒の仕事もなく、露西亜時代の舞踏室が大食堂になって居り、そこで殆ど連夜のように宴会が開かれ、シャンパンを抜いて乾杯することが本業のような気がしたこともあった」（広瀬順皓編『憲政史編纂会旧蔵　政治談話速記録』第三巻、一二五頁）と述べている。

たしかに木下は食通として知られ、食を題材にした随想集『美味求真』（一九二五年）を著している。こうした人物にふさわしい回想であろうが、関東軍の張作霖排除が成功していれば「満洲の解決は三、四年を早めたであろうことが思われて今でも残念なことに思われる」（同書、一二七―一二八頁）と回想し、関東軍の行動に共感していた木下としては、「シャンパンを抜いて乾杯することが本業」としか表現できなかったのかもしれない。

いずれにしても、きなくさい臭いが次第に関東州周辺にも広がり始めていたことは間違いない。木下を継いだのが内務官僚の太田正弘である。彼は一九二八年八月、警視総監から関東長官に転じ、三一年一月、後任を内務官僚の塚本清治《せいじ》に譲って台湾総督に就任した。満洲事変勃発の八か月前のことである。塚本は翌三二年一月に内務官僚の山岡万之助に譲り、三二年八月、武藤信義関東軍司令官が山岡の職を継いでいる。

木下以降の関東長官は木下から山岡まで四名だが、平均任期は一八か月である。関東長官も二〇年代後半になると時局の厳しさを反映して相対的に短期で交代していくのである。

張学良と対日政策

一方、張作霖爆殺事件以降の張学良の動きは日本側の予想に反して急であった。父の死後約半年足らずの一九二八年一二月には国民政府への合流（「易幟」）を通電し、翌二九年一月、張作霖時代の親日派の中心的幕僚だった楊宇霆と常蔭槐を粛清した張学良は、反日色を鮮明にし、日本への対抗策を推し進めた。しかしその政策はのちに言うほど体系的だったとは考えられない。そのなかで比較的まとまっていたのは満鉄に対する並行線計画と日本人中小商人を苦しめた銷《しょう》場《ば》税問題であろう。

並行線計画は一九二七年以降、満鉄本線の東側の吉林・海龍間、西側の打虎山・通遼間で日本側の反対・抗議に抗して進められ一九二九年までには完成を見た。さらに一九二八年以降は新たに東北交通委員会の主導下で満鉄本線を挟み込むように並行線の鉄道建設は進められ、満鉄本線の呑吐港の大連に対抗して葫蘆島を並行線の呑吐港として一九三〇年五月にはその港湾整備に着手したのである（原田勝正『満鉄』、一三四―一三五頁）。

進められた並行線は、満鉄の貨物輸送量の減少をもたらしたことは間違いない。満鉄並行線を敷設することは満鉄との紛争を引き起こすが、張学良はそれを無視して強行した。この結果、

満鉄部門別損益表　　単位：千円

年	総計	鉄道	港湾	鉱業	地方	製鉄／製油
1927	36,274	68,008	970	9,748	▲13,006	▲158
1928	42,553	74,281	2,462	11,603	▲13,195	1,216
1929	45,506	74,890	3,557	12,275	▲13,599	543
1930	21,673	56,562	1,821	1,813	▲10,719	▲667
1931	12,599	48,185	1,289	17	▲10,877	▲2,890
1932	61,288	65,051	3,039	538	▲11,687	▲3,900

出典：満鉄会『満鉄会六十年の歩み』2006年、204－205頁

満鉄は一九二九年以降貨物輸送量の減少がみられ、輸送収益は減少を開始する（表）。

張学良の満鉄並行線の鉄道政策が満鉄に打撃を与えたことは事実だが、一九二〇年代後半の銀安が並行線の運賃割安に寄与して同線の競争力を強化した点は無視できない。ここでも一九二〇年代の金銀比価変動での中国人側の優位性（渡邊精吉郎『満洲に於ける金資と銀資』）が彼らの競争力強化の要因として作用したのである。大連に対抗して張学良が推し進めた満鉄並行線の呑吐港の葫蘆島の築港は、古くは一九一〇年に当時東三省総督だった徐世昌《じょせいしょう》の手で始められていたが（篠崎嘉郎『大連』、七〇〇―七〇九頁）、張学良は、一九三〇年にオランダの築港会社を使って築港工事に着手した。が、着手一年後には満洲事変が勃発、工事は中断された。

葫蘆島は戦後の満洲引き揚げの際の集結港としてその名を知られているが、この港の構築に本格的にとりかかったのは張学良であった。葫蘆島には現在彼の築港の功績をたたえる碑が建てられている（次頁の写真）。

今一つの張学良の対抗策である「銷場税賦課問題」は日本の中小商人に大きな打撃を与えた。それまで大連は自由港で附属地に

葫蘆島築港記念碑

同碑文

商品を持ち込む際の関税を支払えばそれ以降は無税で物品流通が可能であったが、一九二七年一月以降、「奉天城内に搬入する邦貨に対し銷場税（従価二分五厘、一種の釐金《りきん》）を課する旨を布告した。各海関に於て正税を完納した商品を通商場である奉天城内に移入するに際し、斯る不当なる課税は条約上到底黙視し能《あた》わざる重大事件」（佐々木孝三郎編『奉天経済三十年史』、一八〇頁）だとして、「日本側は、商埠地も城内と同じ奉天府であるとの立場からこれに反対し、かつすでに海関で納税ずみの商品に銷場税（別名落地税）を課するのは不当である」（福田実著・藤川宥二編『満洲奉天日本人史』、一四九頁）と反発、他国の外商を巻き込んで反対運動を開始した。これに対して「支那側は邦人側の徴税到底不可能と見るや鋒を転じて邦貨購入の支那商より間接に徴収するの挙に出」（前掲『奉天経済三十年史』、一八〇頁）て張学良統治下でもそれを継続、強化したのである。

この張学良の日本人商人への二重課税政策が日本人地場商人の商業活動を一層厳しいものに追い込んでいったことは間違いない。

しかし、張学良政権が体系的な対日政策を打ち出せたかといえば、それは部分的で断片的な対応策にとどまっていた。中国東北経済を根底から規定する金銀比価問題を含む幣制《へいせい》問題については事実上未着手のままに終了せざるを得なかった。

奉天票や現大洋票といった奉天軍閥が発行する銀系紙幣のみならず朝鮮銀行券や正金銀行券といった日系通貨が混流する東北地域で張学良政権が政府銀行を設立し政府銀行券をもって通貨を統一し、その価値維持を図るという幣制統一事業に取り組みはじめたという見解もあるが、やや張学良政権を過大評価している面があるのではなかろうか。計画として存在しても、東北を政治的に完全統一できていない状況下で、多種通貨が混流する中国東北で、しかも易幟で国民政府の傘下に入りその規制を受けつつある状況では、政府の強力な指導力で通貨の統一から本位制の統一まで事業を進めることは現実的には困難であったといえよう（関連論文として西村成雄「張学良政権下の幣制改革」『東洋史研究』五〇―四参照）。

満鉄社員会・満洲青年聯盟・大雄峯会の誕生

日中関係が厳しさを増す中で結成されたのが満鉄社員会・満洲青年聯盟・大雄峯会《だいゆうほうかい》だった。満鉄社員会の結成は一九二七年四月であり（満鉄社員会に関しては平山勉『満鉄経営史　株式会社としての自覚』名古屋大学出版会、二〇一九年、第一章、第二章参照）、満洲青年聯盟の結成は一九二八年一一月（満洲青年聯盟の結成と活動に関しては『満洲青年聯盟史』原書房、一九六八年参照）、大雄峯会の結成は一九二九年（大雄峯会に関しては「笠木良明年譜」『笠木良明遺芳録』所収参照）のことであった。つまりは一九二七年から二九年の間に、ほぼ時期を接してこの在満日本人の三団体が結成されたのである。満鉄社員会は、満鉄の上層社員だけでなく傭員まで含む広範な層から構成されていた。満鉄社員会は、「自主独立」「自律自治」をもって「会社の使命」に立脚し「共同の福祉の増進」を目的に結成されたものだし、ここに結集した幹部社員のなかには満洲青年聯盟の創立委員となった山口重次《じゅうじ》や大雄峯会を主催する笠木良明《よしあき》などが活動していた。

満洲青年聯盟は、満鉄主要沿線都市に支部をもつ在満日本人組織で、会員数は三〇〇〇人と称されていた。そして彼らの多くは、専門学校や私大出身者で、在満日本人の中堅層を形成していた。たとえば満洲青年聯盟の指導者だった山口重次は京城法政研究会の夜学を卒業後、朝鮮総督府警察官を経て満鉄に就職し大連埠頭事務所に勤務し、満鉄社員会の活動にも参加した。山口と活動を共にした小沢開作《かいさく》は東京歯科医専卒。渡満した後大連で歯科医を務め、その後に長春で開業すると同時に満洲青年聯盟の活動家の一人となった（平野健一郎「満洲国協和会の政治的展開―複数民族国家における政治的安定と国家動員」、二四二頁）。

他方大雄峯会は帝国大学卒業生の満鉄職員をもって構成されるエリート組織で、その会員数は数十名に限定され、在満日本人社会の中での上層部を形成していた。同会の指導者だった笠木良明は東京帝国大学法科大学を卒業後大川周明《しゅうめい》が活動する満鉄に入社し、満鉄社員会で活動しその後大雄峯会を組織した。笠木と行動を共にした中野琥逸は弁護士として在満日本人のなかで活動した（前掲『笠木良明遺芳録』参照）。

満洲青年聯盟員は「行動派」だったのに対し大雄峰会は「内面的な思想運動」派（平野健一郎「満洲国協和会の政治的展開―複数民族国家における政治的安定と国家動員」、二四一頁）だったという違いは見られたが、両日本人組織ともに在満中国人と生活レベルで日常的に接していたこともあり、一九二〇年代に高揚した中国ナショナリズムを鋭く受け止めて、それへの対応策を模索し、「共存共栄」、「民族協和」を妥協点として模索活動を展開していた。

与謝野鉄幹・晶子の満洲紀行

夏目漱石に遅れること二〇年弱の一九二八年五月から六月の約四〇日間、与謝野鉄幹・晶子は関東州と満鉄附属地を旅行している。彼らの旅は漱石よりもはるかに広範囲に中国東北に足跡を残している。

旅路を見てみると東京から神戸に出て大連へと渡る。大連から旅順、営口、湯崗子、鞍山までは漱石と同じいわば満洲旅行の定番コースだが、そのあとは遼陽、蘇家屯、安東から戻り四平街から鄭家屯、洮南の内モンゴル地域から昂昂渓《こうこうけい》、チチハル（斉斉哈爾）、嫩江、ハルビンと北満をめぐり、ここから再び奉天、大連へ下り、大連経由で日本へ帰国している。当初は北京まで足を延ばす予定だったようだが、張作霖爆殺事件に遭遇し、治安悪化のために北京行きをあきらめての帰国であった（与謝野寛・晶子『鉄幹晶子全集』二六）。

治安の関係で北京行きを断念したとは言うが、他の旅行者が関東州と満鉄附属地といった日本の租借地地域を旅行するというだけなのに対し、彼らは、それ以外の鄭家屯、洮南の内モンゴル地域から昂昂渓、チチハル、嫩江といった北満までの附属地外の地域も夫婦で旅行している。満洲の地域的安定の進行度合いが理解できるといえよう。

また、満鉄招待の歌人としての満洲旅行ということもあってか、観光旅行的雰囲気が行間にあふれ、旅順の戦跡を訪ねた際などは、「山上には、近く朝鮮から補充されて来た若い将校の一団に対して、司令部付の一人の将校が、一一指点して当年の地形と戦況とを説明していたので、幸いに余等も傍聴することが出来た」（前掲、二九頁）などと記述しており、その行間に見えるゆとりを含んだ記述に観光的片鱗を垣間見ることができる。与謝野夫妻は、一九二八年六月に奉天を訪問しているが、その時偶然張作霖爆殺事件に直面している。

夫妻の日記によれば、当日早朝「へんな音が幽かに聞こえた」（前掲、一三八頁）という。その後、人の往来の騒がしさを聞いたが、乗客の込み合う音だと思っていた。ところが一時間ほどして日本人の知人から張作霖と黒龍江省督軍の呉俊陞《ごしゅんしょう》が事件に巻き込まれたことを知ったという。彼らは一週間ほど前にチチハルで呉俊陞の夫人と会食した直後だったという。彼らは、「変な爆音の正体」（前掲、一三九頁）を知ると同時に「厭な或る直感が私達の心を曇らせたので思わず共に眉を顰《しか》めた」（前掲）のだった。関東軍の謀略の噂がすでに在満日本人の間にも漂い始めていた。

Ⅶ

満洲事変と関東州・満鉄附属地

満洲事変と満鉄

日中対立が激しさを増す中、一九三一年六月には参謀本部員の中村震太郎《しんたろう》大尉が北満を旅行中に中国軍に射殺された「中村大尉事件」が発生し、続いて七月には中国東北長春の郊外の万《まん》宝山《ぼうざん》で中朝農民が水田用水灌漑問題で衝突（「万宝山事件」）、朝鮮で反中国暴動が広がっている。

日中間の緊張が高まる中で、一九三一年九月、奉天（現瀋陽）郊外の柳条湖《りゅうじょうこ》での張学良軍の鉄道破壊を口実にして満洲事変が勃発した。張学良軍の主力が山海関以南に展開している留守を狙っての関東軍による奇襲攻撃だった。関東軍の兵力は駐箚一個師団に鉄道守備隊を加えて一万余、対する張学良軍の在満留守部隊は一〇万余、圧倒的兵力差にもかかわらず、日本軍の挑発に乗らぬよう抵抗するなという張学良の指示もあって（ＮＨＫ取材班・臼井勝美『張学良の昭和史最後の証言』、一二六頁）関東軍は事変直後に奉天、吉林を押さえ、九月末には張学良系の領袖袁金《えんきん》鎧《がい》を奉天地方自治維持会会長に、熙洽を吉林省長官に引き出し、彼らをして奉天と吉林省の張学良からの独立を宣言させた。

さらに、関東軍は吉林省で抵抗する張作相系の軍閥軍隊の反吉林軍を追撃し、他方で洮策で張学良からの独立を宣言した張海鵬《ちょうかいほう》を使って黒龍江省の占領を狙い、それがうまくいかないと判断するや、黒龍江省主席代理の馬占山《ばせんざん》と妥協し、北満の治安の安定を図るとともに、一九三二年一月には張学良の反抗拠点だった錦州を占領したのである。

こうして半年足らずの間に日本の三倍近い面積を持つ東北地域を軍事占領した関東軍は、三二年二月以降連日「新国家建設幕僚会議」を開催し、国首を執政に、国号を満洲国に、国旗を新五色旗に、年号を大同に、首都を新京（現長春）とする新国家体制を決定し、宣統帝《せんとうてい》溥儀《ふぎ》を執政に、国際連盟派遣のリットン調査団の満洲到達をにらみながら三二年三月満洲国の樹立を内外に宣言したのである。

満洲国成立の経緯は複雑だった。時の犬養毅《いぬかいつよし》政権は中国地方政権樹立の方向を模索していたし（波多野澄雄ほか『日中戦争』）、関東軍は松木侠等に命じて独立政権構想を追求していた（松木侠「満蒙共和国統治大綱案」一九三一年一〇月二一日、同「満蒙自由国建設案大綱」一九三一年一一月、片倉衷「満洲事変機密政略日誌」『現代史資料』満洲事変、二二八―二二九頁、二四八―二五七頁）。犬養の構想は一九三二年五月の五・一五事件で彼が暗殺されるとともに消え去ることとなる。

関東軍が戦力的には劣勢の中で短期間に中国東北を占領できた理由は様々ある。石原莞爾ら関東軍参謀たちの綿密な作戦準備、張学良の主力部隊が長城線以南に展開し東北地域が手薄であった間隙を突いたこと、蔣介石の指示もあり、張学良は東北の将兵に無抵抗を指令したこと、イギリスの金本位制離脱（一九三一年九月二一日）に象徴される国際通貨体制の動揺の中で世界の関心が金融問題に移り、極東の片隅での事件に関心を払わなかったこと、などがあげられよう。

しかし兵力差一対一〇という圧倒的劣勢の中で関東軍が当初の目的を収められた最大の理由は、日露戦後から関東州という租借拠点を軸に東北地域で鉄道事業を展開し、日本人が附属地を拠点に政治・経済・文化活動を展開し、この地域に政治的経済的脈絡を張り巡らしていた満鉄の強力な協力にあった。

満洲事変時の関東軍司令官だった本庄繁は、事変後、陸軍参議官として栄転帰国する一九三二年八月に満洲国新京の協和会館で、満洲事変は「鉄道なくして遂行し難く機動作戦は愈々《いよいよ》之に依って光彩を放つ神速なる関東軍の行動は実に帝国の実力を背景とする貴鉄道厳存の賜なり」(南満洲鉄道株式会社『満洲事変と満鉄』、一頁「感謝状」)とまで絶賛した所以である。また、次頁の表は菊池寛の小説『満鉄外史』に記載された満鉄社員の満洲事変への協力者数だが、原典が明確ではない欠陥を持ち、数値そのものに関してはさらに子細な検討が必要となろうが、関東軍から召電を受けた社員が一〇〇〇名、事変にかかわった社員が一万六四〇〇名という数値などが指し示すように、満鉄がいかに満洲事変に絡んだのかの一端は示されていよう。

戦局と勢力図の変化

満洲事変は在満中国人による抗日運動の高揚を生み出した。満洲事変後の反日勢力の動きを見ると、関東憲兵隊資料は、その勢力を大きく「政治匪」、「共匪」、「土匪」の三種類に分類していた(関東憲兵隊司令部『満洲共産主義運動概史』、一〇七頁、満洲国軍政部軍事調査部編『満洲共産匪の研究』第一集、付録六—九頁)。

「政治匪」は、旧張学良系の軍閥軍隊のなかの反日派を指し、次の「共匪」は共産党の影響下の赤色遊撃隊やその関連部隊を指している。最後の「土匪」とは大刀会や紅槍会に代表される

満鉄の満洲事変関係者数(1938年4月調)

事変に際して軍から召電を受けた社員	約1,000名
事変従業社員	約16,400名
事変及び建国犠牲社員(日、満、露)	179名
うち日本人社員	128名
うち靖国神社に祀られた者	61名
叙勲賜杯者	23,391名
建国当時満洲国政府に居残った旧満鉄人	2,350名

出典:菊池寛『満鉄外史』原書房、2011年、438頁

農村や都市の民間自衛組織である。

彼らのなかで満洲事変から満洲国建国前後までの時期の反日運動を支えたのは「政治匪」と称された集団だった。彼らは、満洲事変直後はその数一七万人と称され、反日勢力の中核を形成していた。しかし満洲国の統治骨格が形成されるとともに関東軍の手で鎮圧されるか、関東軍に帰順して満洲国の治安部隊である満洲国軍のなかに吸収されていった。

典型的なのは吉林省を拠点に反満抗日運動を展開していた李杜《りと》、丁超《ていちょう》らが率いる反吉林軍であった。彼らは張学良の意を汲んで一九三一年一一月にはハルビン郊外の賓《ひん》県に仮政府を樹立し抵抗をつづけた。

反吉林軍は装備が優れ、士気が高く、満洲北部のソ連が経営権を持つ東支鉄道沿線で活動していた関係で、そこを関東軍の攻撃を避ける避難地域として活用していたため、戦闘は関東軍にとって不利な展開であった。逆に関東軍に協力する吉林軍は、「素質不良、向背常なく匪賊同様」で、「素行不良者や阿片《アヘン》患者、賭博常習者が大半」(満洲国軍刊行委員会『満洲国軍』、五九頁)で、軍事訓練などを受けた者は少なかった。そこで、関東軍は、彼らに教育訓練を

課すためのテコ入れを開始したのである。のちに加藤完治《かんじ》と並んで「満洲移民の父」と称された東宮鐵男は一九三一年一二月、陸軍省より吉林鉄道守備司令部招聘武官に任命され吉林軍教官の任を帯びて満洲へ赴いた（東宮大佐記念事業委員会編『東宮鐵男伝』、八四頁）。

特に吉林軍の強化は急を要した。関東軍は早期に奉天省を掌握したが、吉林省の掌握は李杜らの抵抗で遅れ、リットン調査団の訪満前に満洲国建国計画を進めたい関東軍の障害となっていた。これに対して関東軍は吉林軍を使ってこれを攻撃、ハルビンを占領し、丁超を帰順へ追い込んだ（満洲国軍刊行委員会『満洲国軍』、八五―九三頁）。丁超は帰順後、通化省長に就任している（及川琢英『帝国日本の大陸政策と満洲国軍』吉川弘文館、二〇一九年、一〇三頁）。後述するように東宮鐵男が第一次、第二次満洲移民団を北満の佳木斯《ジャムス》周辺に投入したのも、反満抗日運動を抑え込む関東軍補助兵力として移民団を使用する意図が込められていた。

「共匪」が急速に伸び始めるのは、各共産分派の間の調整を完了して以降の一九三四年から三五年にかけてであり、関東憲兵隊司令部『満洲共産主義運動概史』（一九四〇年）によれば、満洲事変勃発当初は五〇〇〇名程度であったが、「政治匪」や「土匪」を吸収して一九三五年には九二〇〇〇名に増大していた。

満鉄附属地の軍事的意味

満洲事変後の反日勢力の全体的動向は既述のとおりだが、では、彼らはどの地域でどのような戦闘を展開していたのか、そして関東軍はどんな防備体制をとってこれに応戦し、満洲の全面占領に至ったのか。ここで満洲事変後の関東軍と反日運動の動きを地域展開に転写してみてみることとしよう。

満洲事変時に関東軍は満鉄附属地の施設を十二分に活用して作戦を展開した。満鉄が編集した『満洲事変と満鉄』によれば、事変時の満鉄の具体的協力事項としては、「軍事輸送」、「社外諸機関に対する社員の派遣」、「中国側並びに満洲国側諸施設事業に対する協力または管理」、「ゲリラの襲撃とこれに対する防御」、「土地建物設備物件の提供」、「用度関係における貢献」、「連盟調査委員会の満洲視察における貢献」、「情報収集と宣伝紹介」、「調査研究上の活動」、「各主要機関の活動」、「救済・医療・慰問及びその他の活動」など多岐にわたったという（南満洲鉄道株式会社『満洲事変と満鉄』上編、目次）。

つまりは満鉄の支援なくしては関東軍も効果的な戦闘が展開できなかったわけだが、実際の戦闘も満鉄の諸施設や附属地をめぐって展開された。実は、満洲事変時の主な戦闘は、日本側の満鉄附属地防衛と抗日軍の満鉄附属地攻撃の繰り返しをもって展開された。附属地への抗日ゲリラの襲撃とそれへの防御はそれを物語る。附属地をめぐる攻防を各地域ごとに列挙すると次頁の表のとおりである。

「政治匪」と称された抗日軍の活動のピークは一九三二年七、八月の時期だった。一九三二年七月から九月にかけて満洲は、抗日軍の活動で明け、活動で暮れた。これを見れば、「政治匪」との戦闘は満鉄附属地周辺で激しく展開されていたことがわかる。

満洲事変と附属地の動向

瓦房店	1932年7月〜1932年11月、数十名のゲリラが来襲するも撃退。
大石橋	(大石橋)1932年7月以降、ゲリラ攻撃が激化、待機中の装甲列車で反撃、これを撃退。その後数度のゲリラ部隊の来襲も撃退した。(海城)1932年7月以降、ゲリラ部隊の数次の攻撃を撃退した。1932年8月の数日間の大規模なゲリラの襲撃に対しては日本軍、靖安遊撃隊、警察、自衛団をもって撃退した。(南台)数次のゲリラの来襲と線路破壊、電柱切断に対しこれを撃退した。(他山)(分水)1932年7月〜8月、ゲリラの来襲、拉致事件発生。
営口	1932年8月、1,000名を超えるゲリラの襲撃があり、守備隊はこれを撃退。その後数度のゲリラ攻撃があり、営口包囲があったが、陸戦隊、警察隊が撃退した。
鞍山	(鞍山)1932年8月、約10名のゲリラが附属地へ侵入し社員を拉致、その後ゲリラ部隊が3度襲撃を試みるも守備隊が撃退。(製鉄所)1932年8月、数度にわたりゲリラが攻撃継続、守備隊・警察隊が防衛。(大孤山)1932年5月以降、ゲリラによる日本人社員拉致事件発生、守備隊は治安の維持に努める。(首山水源地)1931年12月より数度にわたるゲリラ攻撃あり、警戒を厳重にして対応。(湯崗子など)1932年6月以降、ゲリラによる数度にわたる湯崗子温泉、湯崗子駅への攻撃あり、これを守備隊、警察隊が撃退。
遼陽	1932年7月より2,000余名によるゲリラ攻撃、奉天より軍の応援部隊が加わりこれを撃退。その後数度にわたるゲリラの攻撃を受け満洲紡績などが被害を受けるも装甲車、戦車を動員してこれを撃退。
奉天	1933年3月、満鉄社員倶楽部給水塔にゲリラ2名が攻撃、守備隊がこれを撃退。
鉄嶺	ゲリラの攻撃なし、警戒厳にして事態推移。
開原	1932年8月、300名のゲリラが附属地を襲撃、警察隊がこれを撃退。 1932年11月ゲリラ来襲(昌図)(馬仲河)ゲリラの来襲、拉致発生するも撃退。
四平街	ゲリラの攻撃なし、警戒厳にして事態推移。
公主嶺	1931年9月、ゲリラが附属地周辺を偵察、その後附属地に侵入、警察、守備隊が撃退。ゲリラの数度の襲撃で警察官が殉職。(臥龍泉)1933年8月、ゲリラの襲撃により拉致事件が発生するも、1933年9月、拉致者は解放される。
新京	ゲリラの攻撃なし、1931年9月以降、ゲリラ対策、警戒厳にして事態は推移。
本渓湖	1932年8月、約500名のゲリラが附属地を攻撃、守備隊・警察・在郷軍人らが撃退。
安東	1931年12月以降、最小20名、最大500名のゲリラ攻撃を10数度受けたが、軍警が撃退。
撫順	1932年2月以降、ゲリラの攻撃が数度起きたが、1932年9月、約2,000名のゲリラが撫順炭鉱に侵入、守備隊と交戦、炭鉱施設、鉄道を破壊したが、長時間の戦闘ののち撫順守備隊、警察がこれを撃退。
鄭家屯	1932年9月、約1,200名のゲリラが附属地の軍警施設・領事館等を攻撃、守備隊・憲兵・警察隊がこれを撃退。

出典:南満洲鉄道株式会社総務部資料課編『満洲事変と満鉄』1934年、336−354頁

撫順炭鉱襲撃事件

一九三二年九月前後の時期、満鉄附属地全体で抗日運動が高揚したことがわかる。各地の状況は既述したとおりだが、両者のせめぎ合いが頂点を迎えた一九三二年九月に発生したのが撫順炭鉱襲撃事件とその報復として起きた平頂山《へいちょうざん》事件だった。

平頂山事件の発生は、満洲事変が満鉄附属地攻防戦であること、この日が日満議定書締結日であったことと関連して中国側がこの日を選択して大規模な抗日戦闘を試みたといえよう。撫順炭鉱攻撃は、九月一五日早朝を期して展開された。

事件の経緯は次頁の表のとおりだが、襲撃したのは遼寧民衆自衛軍所属の第一方面軍の大刀会の第一路部隊で東路隊・南路隊・西路隊の三隊に分かれ、このうち撫順炭鉱の楊柏堡《ようはくほ》採炭事務所、社宅の攻撃を実施したのは南路隊の東支隊一〇〇名の隊員たちであった。抗日部隊は鉱区深く進攻し、事務所、社宅を放火、破壊した。

平頂山慰霊塔

体制を整えた守備隊が小銃、軽・重機関銃の一斉射撃で反撃、数時間の銃撃戦後に攻撃隊を撃退した。抗日部隊に多数の戦死者、若干の捕虜を出したが、日本側は合計一〇名を超える死者・重傷者を出した（井上久士「解題」『平頂山事件資料集』、九

撫順炭鉱襲撃事件及び平頂山事件推移

1932年９月15日（戦闘時間は午前１時５分から４時30分）	
ゲリラ側	ゲリラ軍攻撃部隊は平頂山から日本人社宅を攻撃して西坑方面へ逃走した。その他の部隊は現地到着が遅れたり、または道案内を失い道に迷っているうちに日本軍守備隊に発見されて逃走する結果となった
日本側	守備隊（重傷２名）炭鉱職員（殉職４名、重傷２名）社員家族（死亡１名、重傷２名）炭鉱設備の破壊により15日以上出炭できず
中国側	遺棄死体50　捕虜若干名
1932年９月16日	
撫順守備隊が探索で平頂山部落へ入る 同集落の住民を集め殺害した虐殺事件発生（犠牲者数は数百人から3,000人まで諸説あり）	

出典：井上久士・川上詩朗編『平頂山事件資料集』、石上正夫『平頂山事件』青木書店、1991年、田辺敏雄『追跡　平頂山事件』図書出版社、1988年

―一四頁）。守備隊と憲兵隊は、この報復として通敵していたとの疑いを持って近くの平頂山集落などの住民を記念写真を撮ると称して平頂山の崖に集め、写真機を擬して三脚のうえにカバーしておいた機関銃で住民を一斉掃射して虐殺、彼らの死体をガソリンで焼却したあとダイナマイトで崖を崩して死体を埋めて証拠隠滅を図った（同書、一一四―一二三頁）。

満洲移民の開始

満洲事変後に関東州及び満鉄附属地以外の地域である吉林省や黒龍江省へ日本が支配を拡大する際に重要な担い手となったのが一九三二年以降の北満への満洲移民であった。満洲移民の契機が日本を襲った農業恐慌からの離脱にあったことは間違いないが、その移住地が気候が日本に近く、治安が比較的安定していた附属地の近郊ではなく、附属地からはるかに離れた気候が厳しく治安が安定していない抗日ゲリラが活動する北満の三江《さんこう》省の佳

木斯近郊であったことは、附属地外への支配拠点の拡大の意図をもって満洲移民が実施されたことを物語っている。

それを目的意識的に推し進めたのが当時吉林軍の軍事教官をしていた元満鉄鉄道守備隊の幹部だった東宮鐵男だった。彼は満鉄鉄道守備隊中隊長だった一九二八年六月に関東軍参謀河本大作が計画した張作霖爆殺事件の現場指揮官として活動したことで知られているが、満洲事変後は吉林軍の軍事教官として、吉林省で反満抗日部隊の鎮圧に当たっていた。

当時、吉林省には満洲国の建国に協力する吉林軍と張学良に従う反吉林軍が激しい戦闘を展開しており、戦局の帰趨が関東軍の満洲国建国計画に与える影響は大きかった。しかし東宮が教官を務めた「吉林軍は烏合の衆の編合であり装備訓練ともに劣勢で、反吉林軍の装備訓練に及ぶべくもなかった」(満洲国軍刊行委員会『満洲国軍』、九一頁)。

そこで東宮は劣勢を強いられていた吉林軍に対する有力な援軍として、軍事訓練を受けた予備役の退役日本軍人主体の屯田兵的機能を有する日本人移民計画(「第一次吉林省在郷軍人屯田移民実施案骨子(昭和七年八月二十日)」(東宮大佐記念事業委員会『東宮鐵男伝』、九二—九九頁)を一九三二年八月に立案し、同年一〇月、第一次移民団を、三三年五月に第二次移民団を反吉林軍が活動する三江省の佳木斯南方の樺川《かせん》県に投入した。

投入された移民団が激しい抗日軍の攻撃にさらされたことは、彼らの入植移民記録がそれを語っている。第一次移民団は、佳木斯到着直後に待ち構えていた抗日軍の攻撃を受け、さらに「北境警備隊全員討伐出動のため其間全佳木斯の守備」(弥栄村開拓協同組合編『弥栄開拓十年誌』、四五

［右］「土龍山事件」記念碑（高橋信郎氏提供）
指導者だった謝文東が蜂起後に日本側に帰順し、戦後の国共内戦では国民党側に立って戦い、共産党に処刑されていることから、この蜂起を「抗日武装暴動」と表現している。
［左］同記念碑

頁）を移民団が担当するはめとなり、移民団員は「匪賊襲来頻々として武装の儘《まま》就寝せしこと幾度ぞ」（同書）といった状況に陥った。

　この結果、団員たちの不満が爆発、退団帰国者が続出した。続く第二次移民団も状況は大同小異で「入植当時から屯墾地域内には大小幾多の匪団出没し移民団が蒙った損害は莫大なものがあった」（南満洲鉄道経済調査会『満洲農業移民方策（二―一―二）』一九三六年、二七九頁）という。

　こうした抗日軍の移民団攻撃が最高潮に達したのは一九三四年三月に発生した「土龍山《どりゅうざん》事件」だった。「土龍山事件」とは日本人移民地に近い三江省依蘭《いらん》県土龍山で起きた移民用地買収などに反対する中国人農民一万余名の武装蜂起だった。謝文東《しゃぶんとう》をリーダーとする農民蜂起軍は土龍山警察署を襲撃、応援に駆け付けた日満軍を待ち伏せし連隊長飯塚朝吉少将を射殺し、四月から五月に第一次、第二次移民団村落を包囲攻撃した。

　しかし、関東軍は、包囲された移民団への空からの航空機を使った資金物資支援（中村孝二郎『原野に生きる』、一〇二―一〇八頁）や同年五月の大量の兵力を動員した農民軍の包囲網の突破により、移民団を救済すると同時に、戦車や航空機を動員した追撃戦を展開しこの蜂起を鎮圧した。

この「事件」の結果、一九三四年九月に実施された第三次移民団の入植地は北安省の綏稜《すいりょう》県に変更されたのである。東宮鐵男の「試験移民期」（一九三二—一九三六年）と称された初期移民計画は、満洲国の治安維持、反満抗日運動への抑止を目的に、満鉄附属地的機能を満洲農村へ拡大する課題をもって展開された。この土龍山事件を指揮した謝文東はその後に関東軍の説得工作で帰順、戦後の国共内戦では国民党側に立った結果、処刑されている。

満洲国の成立と不平等条約の継承

満洲国の建国宣言は「政治匪」主導で抗日運動が高揚し始めた一九三二年三月に発せられた。戦乱のなかで、関東州と満鉄附属地のみ掌握し、他の広大な地域が関東軍と反関東軍の抗争渦巻く流動状況の中であった。

溥儀を執政に立法院、国務院、監察院、法院の四院体制をとり総務庁を執行体制の中軸に据えた（次頁の満洲国機構図参照）満洲国は、主要省庁を首都の新京（現長春）においてスタートさせた。戦乱の中での建国だったことは、一九三二年三月の建国に際し発せられた「満洲国建国宣言」のなかに現れている。「想うに我が満蒙各地は辺陲に属在し開国綿遠なり」で始まる「満洲国建国宣言」は、満洲国の理想として「五族協和」「王道楽土」を高らかに謳い上げて、張学良旧政権とは異なる新体制であることを内外に宣言した。

満洲国政府組織表（1932年３月）

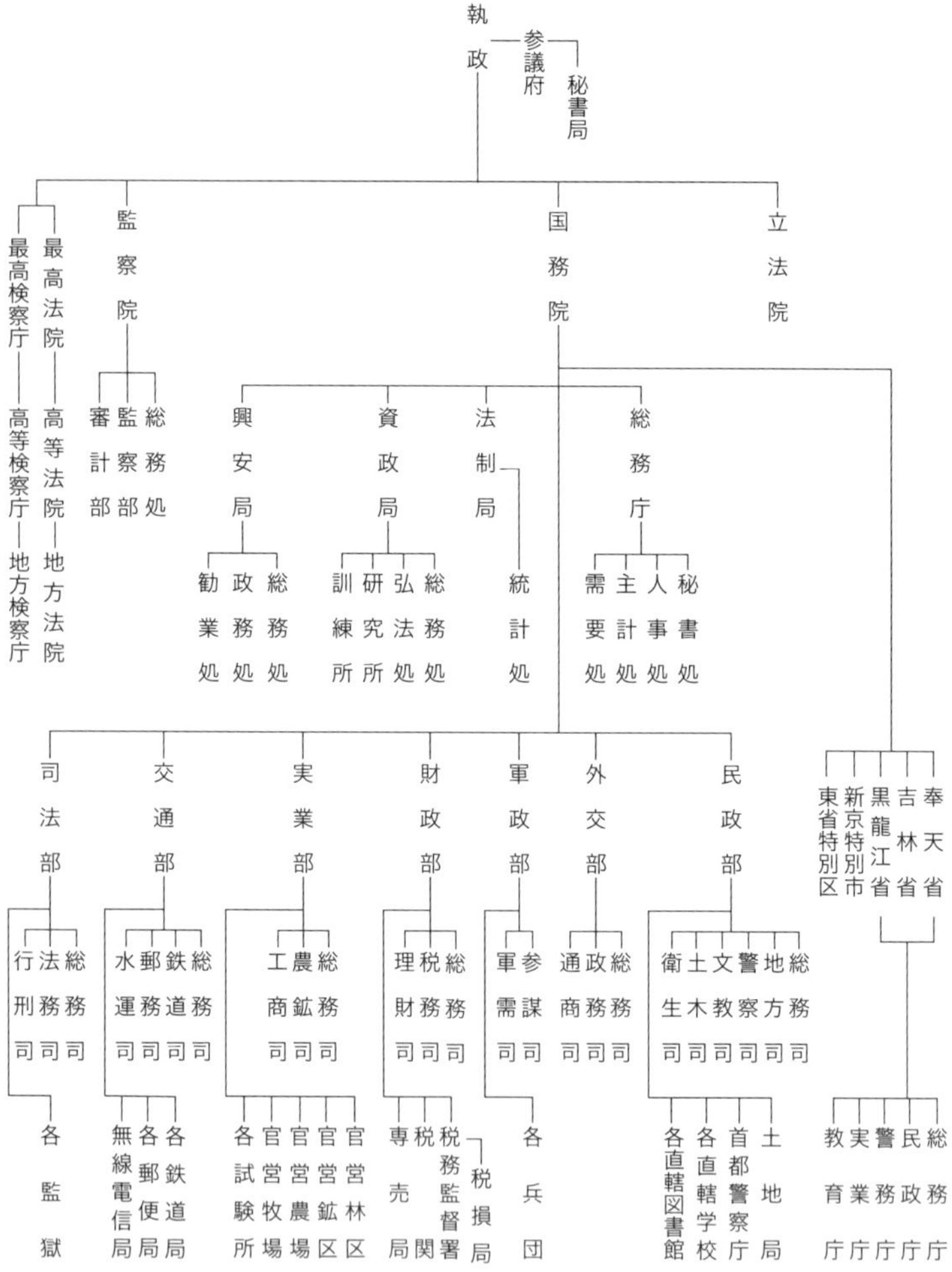

満洲国機構図（1932年3月）
出典：満洲国史編纂刊行会『満洲国史』各論、13頁

しかし、「宣言」の最後では、「其の中華民国以前各国と定る所の条約、債務の満蒙新国領土以内に属するものは、皆国際慣例に照らし継続承認し、其の自ら我が新国境内に投資して商業を創興し利源を開拓することを願うもの有らば、何国に論なく一律に歓迎し、以て門戸開放機会均等の実際を達せむ」と述べて、これまで日中間で締結された条約は、基本的に満洲国が継承すること、とりわけ日中間の不平等条約、その典型である関東州租借権や満鉄の附属地所有とそこでの日本人への行政権、司法権、徴税権の特権といった不平等条約の条項も継承すると宣言したのである。

つまりは、「宣言」は冒頭で「五族協和」「王道楽土」を主張しながら、末尾では不平等条約の象徴で日本人居住者が特権をもつ関東州のみならず満鉄附属地をも継続・継承し、それらを残したまま、満洲国はスタートしたことになる。

冀東特殊貿易の展開

満洲国内での統合の動きと並行して関東軍は満洲国の治安安定を目的に一九三三年一月に熱河省占領作戦を展開し、三月に関東軍は長城線を越えて河北省へ軍を進めた。同年五月、関東軍と国民政府の間で停戦協定が成立（塘沽《タンクー》停戦協定）し、長城線以南の一部地域から日中両軍が撤退して非武装地帯が設定された。

しかし一九三五年、親日派の中国人暗殺事件を契機に日本は非武装地帯での中国関係機関の

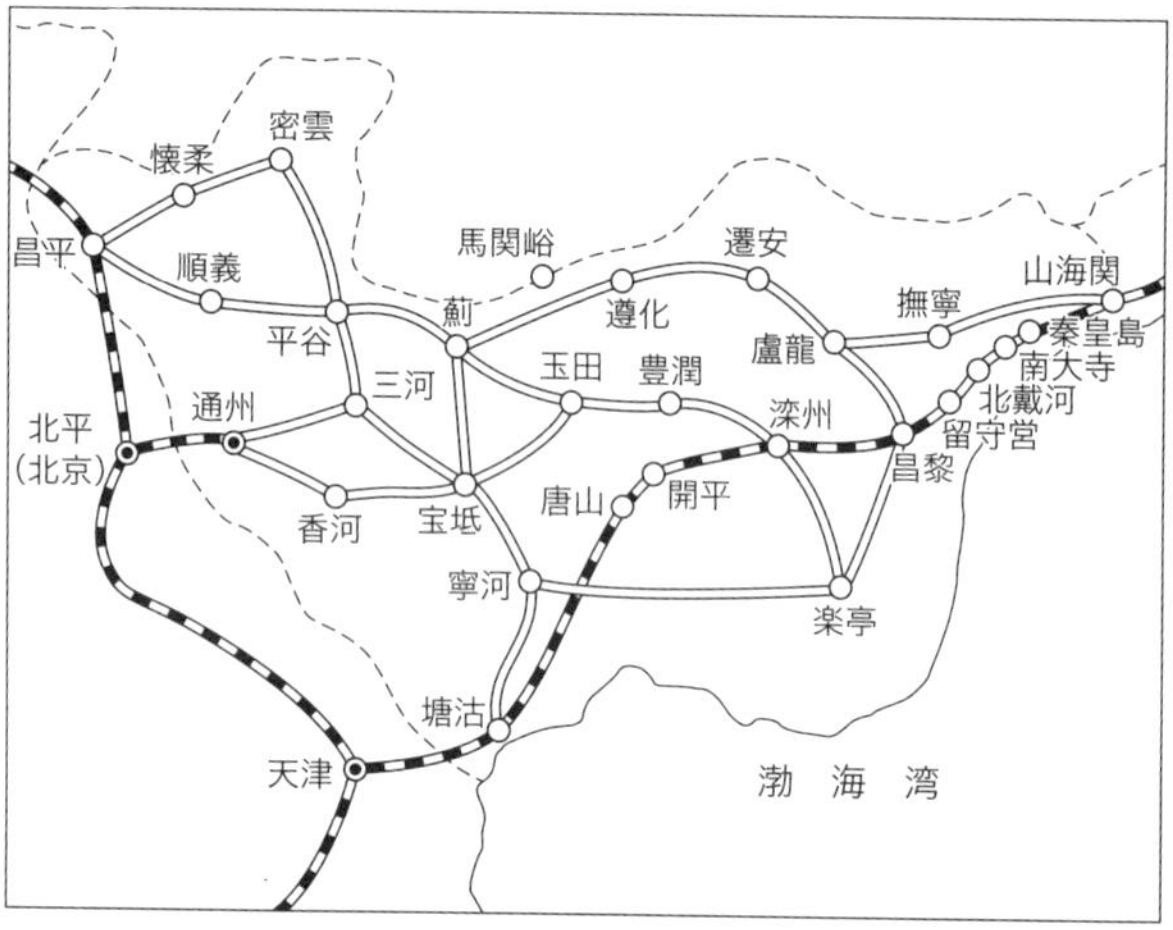

冀東地区略図
出典：渡辺剛編『冀東』東亜人物研究所、1937年、野中時雄『冀東特殊貿易の実情』満鉄天津事務所、1936年を基に作成

撤収と日本側の影響力の拡大を図り、五月にこれらを盛り込んだ梅津・何応欽《かおうきん》協定が締結され、さらに同年暮れには親日派の殷汝耕《いんじょこう》を首班とする冀東《きとう》防共自治委員会が作られ、さらにこれが冀東防共自治政府へと発展した。

おりしも国民政府は一九三五年五月に自国産業保護の視点から輸入関税の引き上げ政策を展開したが、この網をかいくぐっての中国への密貿易が急増を開始した。冀東防共自治政府は国民政府の高関税の四分の一程度の査験料で輸入を認める制度を打ち出したため、大連経由で大量の物資が冀東地域に流入し、それが河北省を含む中国華北地域に流入した。

この結果、中国の国民経済は大きな打撃を受けることとなった。主な輸入品は砂糖、人造絹糸、ライスペーパーなどで、日本から自由港の大連に持ち込まれた製品は、一部は満洲国経由で、また一部は積み替えられて秦皇《しんこう》島《とう》、南大寺、北戴河《ほくたいが》、留守営、昌黎といった冀東沿岸の港に陸揚げされ（地図）、そこから鉄道で天津へと運ばれ、中国各地へと転送されていった。その結果、「冀東貿易品の天津着数量の約八〇％は他に仕向けられその中直接積め替えられるもの四％、一度倉入り後更に積み出されるもの六〇％」（野中時雄『冀東特殊貿易の実情』、七二頁）になると推定していた。

これが中国の経済に及ぼした影響は大きく漢口では「冀東自治政府の成立以来、北支密輸入本邦品の鉄路乃至小包郵便にて南下し来るもの日日多きを加え」（同書、七二—七三頁）るといった状況で、中国経済に大きな打撃を与えたのである。密貿易額に関しては、一九三三年から三四年において対中密貿易額は年間一億円を超える額に及んだという（山本有造『「満洲国」経済史研究』、二一二頁）。

満洲国の骨格は満鉄附属地

満洲国の「建国宣言」が戦乱の嵐の中で発せられたことは上述した。それと関連して建国に際してのもう一つの特徴は、満洲国が宣言された後でも満洲国の主要な行事は、すべて満鉄附属地内で執り行われたことである。典型的な事例は、溥儀の執政就任式であった。一九三二年三月初頭の溥儀の執政就任式は、溥儀が特別列車で大連から保養地として有名な満鉄附属地内の湯崗子温泉（次頁の写真）を経て長春におもむき、三月九日に長春市政公署で式典を行った。これらはすべて関東州と満鉄附属地内での出来事であった。

湯崗子温泉

したがって、建国以来関東軍や満洲国政府が推し進めた政策は、関東州や満鉄附属地を全満洲地域へと拡大させる点にあった。地方自治機関を附属地外に推し進めるにあたっては「軍の威力下に在る南満鉄道の沿線約二十県に之を実行し概ね完成したる後逐次他の県に及ぼし先ず奉天省全部に後吉林黒龍江の二省に及ぼす」（『現代史資料』七「満洲事変」、三一四頁）方針だったことでも明らかである。

この政策は当時同時並行的に進められた中央政府—省—県ラインの一貫化のなかにも出ている。満鉄沿線の首都新京（現長春）に拠点をもつ満洲国中央政府の権限を強化すると同時に、それまで軍閥の拠点だった省政府の権限を縮小させ、省を通過点に満鉄沿線の県にまで中央政府の指令を及ぼす政策を展開し始めたからである。一九三二年三月の「省公署官制」で省政府は省公署に改められ中央政府と県公署を結ぶ中間的行政機関となり、省が統括していた軍隊・警察・金融・財政権限が中央政府に移譲吸収された。

三二年四月の「陸海軍条例」により各省の軍隊は執政の統括下に入り、警察機構は、民生部警務司が全満の警察機構を統括することとなった（小林英夫「日本の『満洲』支配と抗日運動」野沢ほか編『講座　中国近現代史』六、二三五頁）。三二年六月にはそれぞれの省にあった官銀号を吸収合併して満洲中央銀行が設立され、設立直後に実施された「幣制統一事業」により省ごとに流通していた各種通貨は満洲中央銀行券で統一された（小林英夫「満洲金融構造の再編成過程」満洲史研究会『日本帝国主義下の満州』、御茶の水書房、一九七二年）。三二年七月には省の財政庁は中央政府の財政部直轄の税務監督署に改組された。

こうして満洲国は執政溥儀を頂点とする中央政府を軸に省機関を経て県公署に至る全満的統一統治機構が創られ始めたのである。それは関東州・満鉄附属地の全満に向けた外延的拡大でもあった。初期「試験移民期」の満洲移民も関東州・満鉄附属地の外延的拡大の一例であった。

日満議定書の締結と関東州・満鉄附属地

満洲国建国半年後の一九三二年九月一五日に日・満間で「日満議定書」が締結された。調印式が行われた場所は、満洲国の首都となった新京の溥儀が居を構える執政府（現在の長春偽満皇宮博物館）の一室であった。日本側からは全権の武藤信義関東軍司令官を筆頭に川越茂首席随員、小磯国昭《こいそくにあき》参謀長の三名、満洲国側からは鄭孝胥《ていこうしょ》国務総理、駒井徳三総務長官、謝介石外交総長、大橋忠一《ちゅういち》外交次長の四名の合計七名が調印室に入り、条文読み合わせの後、武藤全権大使が日文基本事項に、鄭国務総理が中国文基本事項にそれぞれ同時に署名を行い調印式を終了した（「東京朝日新聞」一九三二年九月一五日）。

「東京朝日新聞」は、「調印の重責を担いて武藤全権新京に入る」「駅頭、沿道を埋めた熱狂の大群衆　謝総長は公主嶺まで出迎え」なる見出しで熱烈歓迎の雰囲気を伝える（同紙）一方で、

「上海は静穏　裏面の策動に備え警戒厳重を極む」（同紙）という見出しで中国側新聞での反対論調を紹介している。

しかし、中国側の動きは、注意して読まないとわからないほどその扱いは目立たない。いずれにせよ、事変から満洲国建国を経て進められてきた中国東北の親日政権化が日本の満洲国承認によって新しい段階を迎えることとなる。

締結された「日満議定書」の内容は大きくは以下の二つだった。一つは「満洲国は将来日満両国間に別段の約定を締結せざる限り満洲領域内に於いて日本国または日本国臣民が従来の日支間の条約、協定その他の取極及び公私の契約に依り有する一切の権利利益を確認尊重すべし」としたことである。

この点はすでに一九三二年三月の「満洲国建国宣言」で謳われていた点であるが、「日満議定書」によって、従来の日中間で締結された条約や協定を継承することが条約のなかに盛り込まれたのである。また、「日本国及満洲国は締結国の一方の領土及び治安に対する一切の脅威は締約国の他方の安寧及び存立に対する脅威たるの事実を確認し両国共同して国家の防衛に当るべきことを約す之がため所要の日本国軍は満洲国内に駐屯するものとす」として日本軍の満洲駐屯を規定していた（外務省編『日本外交年表並主要文書、一八四〇——一九四五』下、二一一五頁）。

張学良時代に主張されていた関東州や満鉄附属地の中国への返還の問題は、この議定書の締結で否定され中華民国期の条約を引き継ぐものとした（山本有造編『「満洲国」の研究』第三章　山室信一執筆・第四章　副島昭一執筆）。また、全満洲地域への関東軍の作戦展開もこれで承認されることとなった。

つまりは、満洲国はこれまでの関東州、満鉄附属地という租借地を残したまま、関東軍の守備範囲は関東州、満鉄附属地から全満洲地域へと拡大させることを満洲国に承認させたのである。しかし副島昭一が右の論文で検討しているように満洲国建国段階では満洲国誕生とともに満鉄附属地を満洲国へ移譲させる政策が検討されており（同書、第四章）、満鉄附属地をどう処理するかは、緊急に解決せねばならない課題の一つだったのである。

VIII

「満洲国」と満鉄附属地返還問題

満洲国統治をめぐる日本政府機関間の抗争

関東軍主導での満洲国の誕生は、それまでの日本政府内での満洲統治の主導権抗争に変化を生みだす。事変前、満洲は、関東軍、関東庁、満鉄（拓務省）、外務省の四機関が統治の主導権を争っていた地域であり、「四頭政治体制」と称されてきた。各時代によって勢力間には変化がみられたが、大きく見て四者が拮抗しながら統治を展開してきた。

ところが満洲事変と満洲国の誕生はこの拮抗関係に大きな変化を生み出す。事変を成功裏に収めた関東軍の発言力が増大し始めたのである。まず関東長官だが、これは従来文官をもって充《あ》てられてきたポストで、満洲事変の最中に関東長官のポストに就いたのが内務官僚の塚本清治で、それを三二年一月から三二年六月までは山岡万之助が継いだ。山岡は司法官から日大教授を経て関東長官に就任した異色の経歴をもつ。長官職を犬養毅から任命された関係もあり、関東軍の行動には批判的で、満鉄附属地の警察権などをめぐって関東軍との間で摩擦を引き起こした（細島喜美『人間山岡万之助伝』、一一一―一三二頁）。

しかし一九三二年七月、斎藤実《まこと》内閣で閣議決定された「在満機関統一要綱」により関東軍司令官が駐満日本特命全権大使と関東長官を兼任することとなる。この「要綱」を受けて一九三二年六月から関東軍司令官に就任した武藤信義は、関東軍司令官、駐満日本特命全権大使、関東長官の三ポスト兼任の最初の関東軍司令官となった。彼は一九二六年七月から二七年八月まで関東軍司令官を務めていたから、司令官ポストは二回目ということになる。この役職に二回目に就任したとき彼はすでに六四歳の高齢であった。

前述したように、彼は、同年九月に日満議定書の締結を推し進めるが、その翌年の八月に任期中途にして死去している。彼の後を継いだのが本庄繁の前に関東軍司令官を務めた二回目の菱刈隆で、三三年七月から三四年一二月まで関東軍司令官を務めている。この時期は、満蒙機構改革問題の一環で満鉄改組問題が紛糾する時期だが、一九三四年七月に発足した岡田啓介《けいすけ》内閣は、機構改革に着手し、関東軍司令官が駐満日本特命全権大使を兼ね、関東庁は改組されて関東州庁と関東局に分離されて関東軍司令官の管轄下に入ることとなった（田中隆一『満洲国と日本の帝国支配』、八七―九〇頁）。

こうして満鉄附属地への満鉄の権限が縮小される中で満鉄附属地返還問題は進行することとなる。以下、治外法権撤廃・満鉄附属地返還問題を軸に移行過程を見てみることとしよう。

治外法権撤廃・満鉄附属地返還問題

一方で「五族協和」「王道楽土」を提唱しながら、他方で日本人の治外法権や満鉄附属地の特権を継承した満洲国は、この矛盾をいかに解消するかが大きな問題となった。「五族協和」や「王道楽土」がいかに内容に乏しいものであったかは、つとに指摘されていることであるが、しかし国際法上は、何らかの形で辻褄を合わせる必要性が生まれたのである。

日満議定書の締結とともに大連の海関管理とその収益を巡る中国と満洲国の取り分をめぐる交渉は大きな問題の一つだったが、なかでもとりわけ満鉄附属地問題は新しく生まれた満洲国の中心地域に満鉄沿線に沿って帯状に展開している日本人の「特殊権益」地域であるだけに早急に処理する必要があった。

しかし、治外法権を撤廃するには、それを受け入れるに足る満洲国の司法、行政〈課税、警察〉体制の整備が必要であり、満鉄附属地に関してもそこに居住する住民の合意が必要であった。そのために満洲国の法整備体制の再編が急がれたのである。法令の整備、日本人司法関係者の増員を含む一連の司法改革や関東局や領事館警察官の満洲国警察官への移籍などの警察行政の改革が、満洲国の国づくりと同時並行的に推し進められた（副島昭一「『満洲国』統治と治外法権撤廃」山本有造編『「満洲国」の研究』、田中隆一『満洲国と日本の帝国支配』第五章）。

こうして一九三六年六月には「満洲国における日本国臣民の居住及び満洲国の課税等に関する日本国満洲国間条約」によって日本人の治外法権の撤廃が進められた。

一九三六年の治外法権撤廃においては、在満日本人の居住、課税、司法、警察に関する治外法権の撤廃が規定されており、六月一〇日に関東軍司令官で駐箚特命全権大使であった植田謙《けん》吉《きち》と満洲国外交部大臣張燕卿《ちょうえんけい》の間で条約の調印が行われたが、これに関し、日本外務省は「友邦の発展を促進し日満関係永遠に強化」と題する声明文を発表し、満洲国も「今や全く（日満は）一体」なる声明を発表した（「東京朝日新聞」一九三六年六月一一日）。

しかしこれにより一九一五年の「南満東蒙条約」以来日中間で紛争の種となっていた「商租

権」をめぐる紛争は日本側の主張どおり「商租権」は土地所有権と規定され、その適用範囲も満洲全土となり、日本人の優先権が承認され、司法上も日本人の優先権が承認された（前掲副島論文、前掲田中隆一著参照）。

続く一九三七年一一月の「満洲国における治外法権の撤廃及び南満洲鉄道附属地行政権の移譲に関する日本国満洲国間条約」によって、満鉄附属地の満洲国への返還が決定され、植田謙吉と満洲国務総理の張景恵《ちょうけいけい》との間で調印された。調印後外務省はこれをもって「久遠の友好確立」との談話を発表し、満洲国もまた「日満両帝国の一体不可分の関係ますます鞏固《きょうこ》」との声明を発表した（前掲紙一九三七年一一月六日）。

そして「満洲日日新聞」などは、一九三七年一一月初頭から一週間ほど連日「治廃、行政権移譲」に関する関連記事を報道し、六日には植田謙吉と張景恵の写真を掲げ、条文を紹介すると同時に「五族協力和親して楽土実現に邁進し得ることとなり日満両帝国の一体不可分の関係益々鞏固を加うることとなりたる」（「満洲日日新聞」一九三七年一一月六日）旨の満洲帝国政府声明を掲載した。

日満軍・政府当事者たちはこの一連の措置を満洲国の「近代国家」への、そして、「独立国家」への道であると主張した。確かに附属地にいた日本人はその活動範囲を附属地から満洲全域に拡大し、自由に土地を所有し営業活動を展開できるようになった。

ではこれによって「日満両帝国の一体不可分の関係ますます鞏固」になったかといえば、そうではなかった。一九三六年の治外法権撤廃時と同様に満鉄附属地行政権移譲に際しても神社行政、教育行政、兵事行政は日本側に留保され、裁判規定でも日本人優遇策が盛り込まれていた。つまりは、満鉄附属地と治外法権は形式的には撤廃されたが、実質的には満鉄附属地は全満州に拡大し、治外法権は部分的解消にとどまったのである。附属地で卵を呑んで勢いをつけた蛇は脱皮して大蛇へと変身したのである。

満洲国建国期のイデオローグだった于冲漢《うちゅうかん》の「保境安民主義」「不養兵主義」に言及して山室信一は、病床の于冲漢が見舞いに来た治外法権撤廃、附属地返還論者の石原莞爾の手を握って、ちっぽけな附属地と全満洲を交換したといって落涙したというエピソードを紹介しているが（山室信一『キメラ』、八六―九一頁）、この言に問われた石原は返答に窮し絶句したに相違ない。

満鉄附属地返還をめぐる財政問題

満鉄附属地が返還されると財政問題が重要な課題として浮上した。満鉄附属地返還で、日本人への課税が満鉄から満洲国に引き継がれることになるからである。

具体的には満鉄が附属地の諸施設維持のため附属地の居住者から徴収していた満鉄課金を満洲国の租税制度にどう適合させるかという問題だった。課金の中身は大きく戸数割と雑種割があった。戸数割とは法人、組合、個人、労働者に対してその所得に応じて徴収されるものであり、雑種割とは芸酌婦、貸家、車屋、興行などに対して課せられる課税である。満洲国がこれを引き継ぐに当たり、戸数割は満洲国の地方税に引き継がれ、雑種割は新設される営業税に引き継がれるのだが、営業税の課税額は、雑種割の約四倍に達したのである（「満洲日日新聞」一九三七年一二月六日）。

平井廣一の研究（「満州国における治外法権撤廃及び満鉄附属地行政権移譲と満州国財政」『北星論集』四八―二、二〇〇九年三月）によれば、返還に伴って満洲国に引き継がれる税額と徴収額の格差は大きく「満州国は従来附属地に立地していた満鉄の施設のみならず、関東局、外務省、朝鮮総督府の諸施設を引き継ぐこととなり、その経費は年間二〇〇〇万円を超え」「歳入不足」となったという。しかし、この不足問題も「戦時増税が多額の租税の増収をもたらすことによって、満州国は歳入不足を克服できた」（同論文）という。

満鉄の附属地行政の満洲国移譲に伴い、満鉄創立期から活動していた同社の地方部は一九三七年一二月に廃止された。そして、地方部員七〇九六名（職員三一〇九名、雇員四三五名、傭員三三五五名、嘱託一九七名）は満洲国、日本側教育機関、鉄道総局などに転出していったのである（満鉄会編『南満洲鉄道株式会社第四次十年史』、四三二頁）。

奉天工業土地株式会社と奉天鉄西工業地区の出現

治外法権の撤廃と満鉄附属地の満洲国返還のなかで、その影響を受けて会社設立と経営が二転三転した会社に奉天工業土地株式会社がある。日露戦後から奉天が満鉄附属地のなかで有力な産業中心地であったことはすでに論じたとおりであるが、満洲事変から満洲国成立過程でその傾向は一層強くなり、「満洲国建国後、首府は新京に奠《さだ》められたけれども、依然奉天は地の利と相俟ち、金融、文化、交通、商工、経済の満洲に於ける中心都市として逐年発展して止まず、会社経営の当初に於ける計画の大部を完成せんとしつつある」（南満洲鉄道株式会社編『満鉄附属地経営沿革全史』中、六〇六頁）状況だった。

満洲国建国後、満洲国政府と満鉄は奉天市の都市計画に乗り出し、奉天駅西側の鉄西地区の工業地域化に着手した。この動きを殷志強の研究で見てみよう。進出した企業は、当初この地区が新開地域でインフラが整備されていなかったし、課税や治安面で不満を持っていたこともあり、一九三四年に隣接する満鉄附属地への編入を進める運動を開始した。附属地に編入されれば、課税面で軽減されることも編入運動を揺り動かした大きな要因の一つだった。

これに対し満鉄側は附属地編入の動きが予定されているとはいえ、それが拡大する影響に危惧して、否定的対応をした。満鉄は奉天工業土地株式会社を設立し、土地貸借の運営を通じてこれらの課題を解決しようとしたのである。

難産の末一九三五年三月、日満共同出資で奉天工業土地株式会社が設立され、土地買収・貸付・インフラ整備・工場誘致の活動を開始した。そして操業約二年半後の一九三七年一一月、「治外法権完全撤廃及び満鉄附属地行政権移譲に関する条約」発効に伴い同社は解散し、その業務を奉天市政公署に移管した（殷志強「『満洲国』初期における鉄西工業区問題」新潟大学『現代社会文化研究』第四九巻、二〇一〇年一二月、李薈「奉天鉄西工業区の成立に関する歴史的研究」日本都市計画学会『都市計画論文集』五五―三、二〇二〇年一〇月）。満鉄附属地の解消は、こうした企業の活動にも影響を与えていった。

IX

日中戦争下の関東州と元満鉄附属地地域

（一九三八―四一年）

日中戦争の勃発と関東州の後方兵站基地化の開始

一九三七年七月七日に北平近郊の盧溝橋《ろこうきょう》で日中衝突事件が勃発、地域紛争は八月には戦火が上海に飛び火する中で八月一五日に日本は「支那軍の暴戻を膺懲《ようちょう》」する声明を発表、対する蒋介石国民政府は国家総動員令を公布することで対抗、両国は全面戦争へと突入していった。したがって日中戦争は一九三七年八月一五日をもって開始されたといったほうがよいであろう（小林英夫『日中戦争』第一章参照）。戦争の拡大は帝国領土内での経済統制の強化を生み出し、その影響は日本本国を起点に関東州や元附属地外の満洲全域へと拡大していった。

一九三七年九月の帝国臨時議会は、長期戦に備えて金融及び輸出入の規制を強化する目的で「臨時資金調整法」と「輸出入品等臨時措置法」を制定した。さらには翌三八年四月には国民生活の官僚統制と統制権限を政府に委任する「国家総動員法」を制定した。

また一九三七年一〇月には「物資動員計画（物動計画）」と「生産力拡充計画」を通じた資源配分を目的に、統制経済のかなめとして企画庁と資源局を合体して新たに企画院が設立され、戦時統制経済の司令塔的性格を持つ機関となった。このカネ・モノ・ヒトを戦時目的に動員する体制は、日本国内だけでなく植民地や関東州、満洲国にも適用されていった。

こうして華北・華中が戦場となる中で、関東州、元満鉄附属地はその戦争遂行の後方兵站基地へと変わり始めるのである。工業基地化を目指す「満洲産業開発五か年計画」と食糧基地化に向かう満洲移民の満洲全土展開がそれであった。

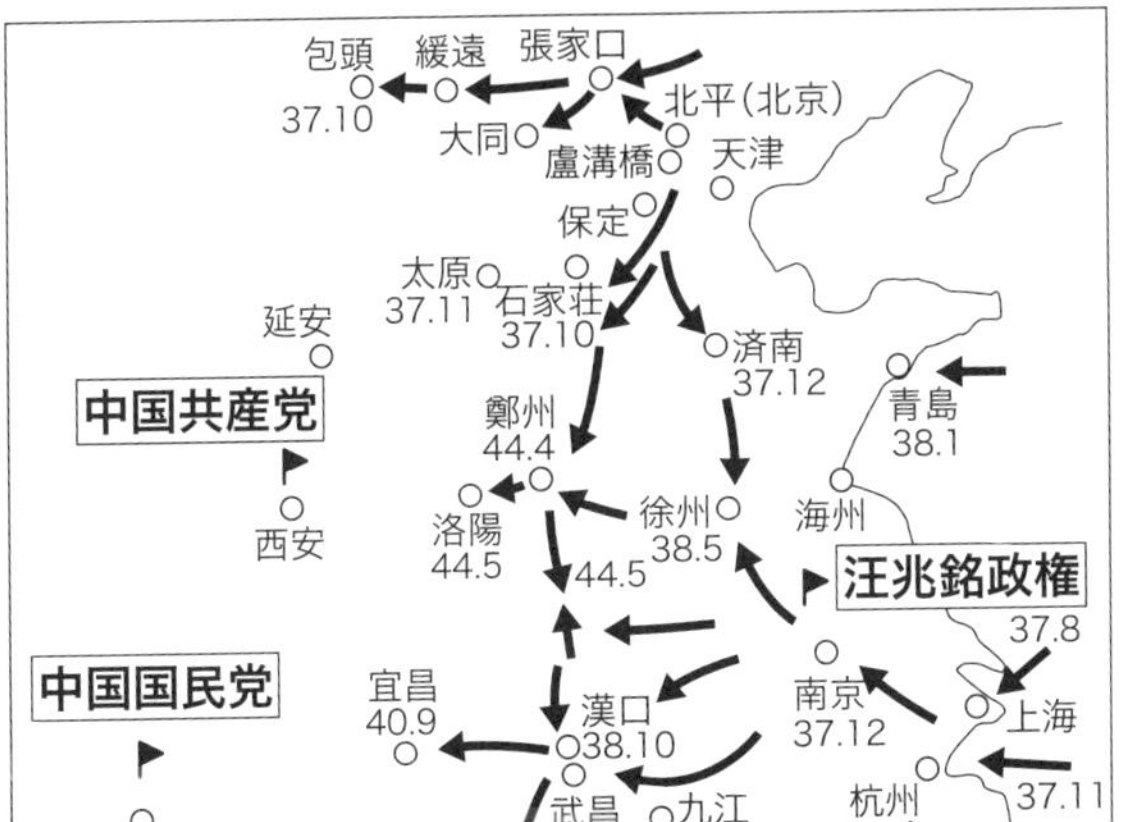

日中戦争展開図
出典:小林英夫『日中戦争 殲滅戦から消耗戦へ』講談社現代新書、2007年、50頁を基に作成

ソ満国境の緊張

一九三七年以降、満洲工業基地化を目指す「満洲産業開発五か年計画」が開始された。この計画の発端は満洲事変直後にさかのぼる。

満洲国は誕生とともに、それまで奉天軍閥が支配していた満洲北部も自己の領土に取り込んだ結果、その北辺がソ連（現ロシア）と国境を接することとなり、国境をめぐる紛争が新たな課題に浮上した（「ソ満国境紛争件数と特徴（一九三二―一九四二）」表参照）。紛争も当初は小規模な小競り合いが多く、紛争多発地域も東部国境（朝鮮との国境から沿海州を含みハバロフスクまで）が中心だったが、次第に北部国境（ハバロフスクから黒龍江に沿って上流のアルグン河の合流点まで）から西北部国境（満洲里周辺の満蒙国境周辺）へと拡大し、国境の拠点占領を目的とした大規模な武力衝突へと拡大していった。

こうした変化の背後には満洲国成立後の国境線画定を巡るソ連との紛争（一九三五年のハルハ廟事件、ハイラステンゴール事件、オラボドガ事件、タウラン事件、一九三七年の乾岔子《カンチャーズ》島事件、一九三八年の張鼓峰事件、一九三九年のノモンハン事件）の激化、ソ満国境で対峙する日ソ両軍の兵力差の拡大に対する日本軍の焦り（「在満・朝鮮日本軍と極東ソ連軍の兵力推移」表参照）、さらにはソ連側のスターリンの軍への粛清とソ連軍高官の満洲亡命勃発に対するソ満国境線取り締まりの強化、などがあった（一九三七年六月のソ連軍最高幹部トゥハチェフスキーの銃殺刑に始まりソ連軍内務人民委員部長官リュシコフ大将の満洲国への亡命など）。

ソ満国境紛争件数と特徴(1932－1942)

年	紛争件数	紛争程度	概況
1932－34	152	小規模	偵察者の侵入　原住民の連行　標識移動　越境飛行
1935	176	中規模	威力捜索、国境付近の要点占領
1936	152	中規模	東部(94)北部(44)西北部(14)
1937	113	大規模	東部(82)北部(22)西北部(9)乾岔子島事件
1938	166	大規模	東部(110)北部(42)西北部(14)張鼓峰事件
1939	195	大規模	東部(96)北部(48)西北部(51)ノモンハン事件
1940	151	低調	…
1941	98	低調	…
1942	58	低調	…

出典:防衛庁防衛研修所『関東軍1』1969年、310－311頁

在満・朝鮮日本軍と極東ソ連軍の兵力推移

年	師団数(師団)			航空機(機)			戦車数(台)		
	ソ連	日本	日／ソ	ソ連	日本	日／ソ	ソ連	日本	日／ソ
1931	6	3	50	…	…	…	…	…	…
1933	8	5	63	350	130	37	300	100	33
1935	14	5	36	950	220	23	850	150	18
1937	20	7	35	1,560	250	16	1,500	560	16
1939	30	11	37	2,500	560	22	2,200	200	9

出典:防衛庁防衛研修所『関東軍1』1969年、194－195頁

「満洲産業開発五か年計画」と元満鉄附属地

特にソ満国境の関東軍とソビエト軍との兵力差の拡大が大きな問題となってきた。一九二八年からソ連で始まる「第一次五か年計画」と鉄鋼生産拡充を踏まえた極東ソ連軍の軍備充実ぶりは目覚ましく、関東軍を圧倒していた（前頁の表参照）。

一九三五年、関東軍作戦課長に就任した石原莞爾は危機感を強め「兵備充実を企図」（角田順編『石原莞爾資料─国防論策─』、一三九頁）して、満鉄調査部の宮崎正義らに指示して満洲国重工業化を立案させた（宮崎正義の生涯に関しては小林英夫ほか『「日本株式会社」の昭和史：官僚支配の構造』大阪：創元社一九九五年、小林英夫『「日本株式会社」を創った男　宮崎正義の生涯』小学館、一九九五年参照）。

まず「満洲産業開発五か年計画」の概要を見ておこう。同計画は、一九三七年から五か年間の間に二五・八億円を投じて鉱工業部門の拡大を目指すものであった。二五億円とは、当時の日本の年間国家予算を優に超える金額である。このうちその半分の五六％にあたる一三・九億円は鉱工業、なかでも鉄鋼、石炭、人造石油産業に投入され、交通通信部門には三〇％に該当する七・七億円が、移民部門には一一％にあたる二・七億円が、農畜産部門には五・五％が投下される計画だった。

この数値から明らかなようにこの計画は鉱工業部門の拡充にその主力が置かれていた。なかでも鉄鋼部門の拡充が重視され、銑鉄は一九三七年の八五万トンから二三五万トンへ二・八倍に、鋼材は四〇万トンから一五〇万トンへと三・八倍に、鉄鉱石は富鉱七一万トンから一五九万トンへ二・二倍、石炭は一一七〇万トンから二七一六万トンへと二・三倍の増産を図る計画だった（東北物資調節委員会研究組『東北経済小叢書　資源及産業』下、六二頁）。

製鉄に関しては満洲での銑鋼一貫工程を持つ元満鉄附属地鞍山の昭和製鋼所と本渓湖の本渓湖煤鉄公司がこの計画の重点企業となった。満鉄鞍山製鉄所の設立は一九一八年だが、一九三三年に昭和製鋼所として事業を開始し、高炉、製鋼、鋼片工場を増設し、「満洲産業（開発）五か年計画の鉄鋼部門における根幹」（満洲製鉄鉄友会編『鉄都鞍山の回顧』、二二頁）工場として活動を開始した。

本渓湖煤鉄公司も同様である。同公司の発足は一九一〇年の大倉組と清国政府合弁の本渓湖煤鉄有限公司にある。資本金は二〇〇万大洋元であった。本渓湖炭鉱と廟児溝《びょうじこう》鉄山を結び付けて一九一五年に第一溶鉱炉を、一九一七年には第二溶鉱炉を火入れして操業を開始した。

満洲国成立後に「満洲産業開発五か年計画」が決定されると、本渓湖煤鉄公司は「其の鉱工部門を担当することとなり、新たに鉄鋼一貫作業の完遂を目ざし生産設備の大規模拡張を計画した」（本渓湖煤鉄公司『株式会社本渓湖煤鉄公司概容』、四―五頁）。一九三七年から隣接する宮原に溶鉱炉と附属施設が造られていった（同書）。

一九三七年一二月に「満洲産業開発五か年計画」を推進するために新たに日産と満洲国の折半出資の満洲重工業開発株式会社（満業）が設立されると昭和製鋼所と本渓湖煤鉄公司は同社傘下の鉄鋼増産企業として活動することとなった。そのほか撫順炭鉱を除く全満の炭鉱は満洲炭鉱が管理運営した。

満洲炭鉱理事長には河本大作が就任した。河本は、張作霖爆殺事件後予備役となったが、三二年一〇月、満鉄理事に就任、三四年には満洲炭鉱理事長を兼任、三六年には専任として四〇年九月まで理事長を務めた（桑田冨三子『「張作霖を殺した男」の実像』）。また、製造業で五か年計画推進企業を見ると自動車製造の同和自動車工業株式会社（一九三四年設立）と満洲飛行機製造株式会社（一九三八年設立）は奉天に、一九四二年に同和自動車工業株式会社を吸収した満洲自動車製造株式会社（一九三九年設立）は、工場は安東だが本社は新京（現長春）のちに奉天（現瀋陽）へ（小林英夫『〈満洲〉の歴史』、一八二—一八三頁）、満洲軽金属製造株式会社（一九三六年設立）は撫順にそれぞれ設立された。そしてこれらの工場は、いずれも旧満鉄附属地内に設立されたのである。

満洲移民地の全満洲への拡大

「満洲産業開発五か年計画」と並行して一九三七年以降「二〇箇年百万戸移住計画」と称された大規模な日本人農民の満洲移住計画が立案実施された。第一次移民団（一九三二年一〇月入植、三江省樺川県）、第二次移民団（一九三三年五月入植　三江省樺川県）、第三次移民団（一九三四年九月、北安省綏稜県）、第四次移民団（一九三五年六月、東安省密山県）、第五次移民団（一九三六年七月、東安省密山県）と続けられた移民はともに満鉄附属地から離れた北満の張学良系抗日軍の活動地域周辺（三江省樺川県、北安省綏稜県）やソ満国境（東安省密山県）に隣接する農村地域だった。

同時期にソ連も満洲と国境を接するシベリア地区で大規模な移民入植活動を展開していた（麻田雅文『満蒙』、二三四―二三五頁）。「試験移民期」を含む第一次から第四次（一九三二年から一九三六年）までに入植した日本人農民戸数は総計三三一五戸、作付面積は六三四八町歩（満洲開拓史復刊委員会編『満洲開拓史』一九八〇年、三九〇頁）に達した。

この「試験移民期」を含む移民準備期を経て一九三七年以降「二〇箇年百万戸移住計画」と称された「本格的移民」が開始された。一九三六年二月に起きた二・二六事件で移民政策に消極的だった高橋是清《これきよ》蔵相が暗殺され、岡田啓介内閣に代わって新たに政権の座に就いた移民政策に積極的な広田弘毅《こうき》内閣は満洲移民政策を国策と決定した。

むこう二〇年間で日本の五反未満の貧農二〇〇万戸の半数の一〇〇万戸を満洲に移民させ、移住日本人家族五人として二〇年後には満洲国人口が五〇〇〇万人になると想定されると、日本人人口は五〇〇万人に達し、満洲国人口の約一割を日本人が占める可能性を追求したのである。

このため移民募集地を従来の東北、北関東、中部中心から全国へと拡大し、募集方法も村を二分したり、複数の村を合体したりして移民団を形成する分村、分郷移民形態をとり、募集年齢も下げて満蒙開拓青少年義勇軍を編成した。また一九三六年一月には現地受け入れ機関として満洲拓殖公社が設立され活動を開始した。

一九三七年以降満洲移住地は全満へと拡大し（一九七頁図）、また移住者数も急増を開始した。満洲移民が全満的に拡大することで、附属地が持っていた日本人優先機能が移民を通じて拡大を開始したのである。

しかし、この時期に移民事業の根本的弱点が全満的に露呈され始めた。一つは移民が、主に「開拓」という名の廉価で買収した中国人農民の既耕地への入植であったことから満洲移民が中国東北社会に与えた影響は、満鉄附属地での日本人居住者のそれと比較すると数段大きかったと想定されることである。しかも二つとして中国人農村において彼らに数段勝る農業技術力を有していれば、地域住民に優位性をもってそれなりの影響力を発揮して満洲国の地方統治の柱となり得たであろうが、現実はそうではなかった。

大規模な有畜農業をもってする北満農業に不慣れな日本人農民は既住の中国人農民から農業技術を学習して営農を行ったのである。日本人移住者の多くは、中国人が耕作していた土地を満洲拓殖公社が廉価で買い取った土地の提供を受け、平均二〇町歩を割り当てられて耕作を始めたものの耕作困難で中国人農民を農業労働者に耕作補助を得るか、彼らを小作人として地主化する以外に方策はなかった（今井良一『満洲農業開拓民』）。入植に先だつ一九三九年八月にこれまでの移民活動を総括し、第二期に向けて出発する際の基本方針を定めた「満洲開拓政策基本要綱案」が提出された。

そこでは、試験移民期からの四大基本方針である「自給自足主義」「自作農主義」「農牧混同主義」「共同経営主義」が継承されると同時に、満洲拓殖公社と満鮮拓植の統合、北海道農法を基本とする「大陸農法」の導入、「未利用地開発」、開拓総局のもとでの開拓研究所の設立といった項目が盛り込まれた（小都晶子『「満洲国」の日本人移民政策』、第三章、第四章）。

一九三七年以降「二〇箇年百万戸移住計画」が実施され、一九四〇年代以降北海道農法を取

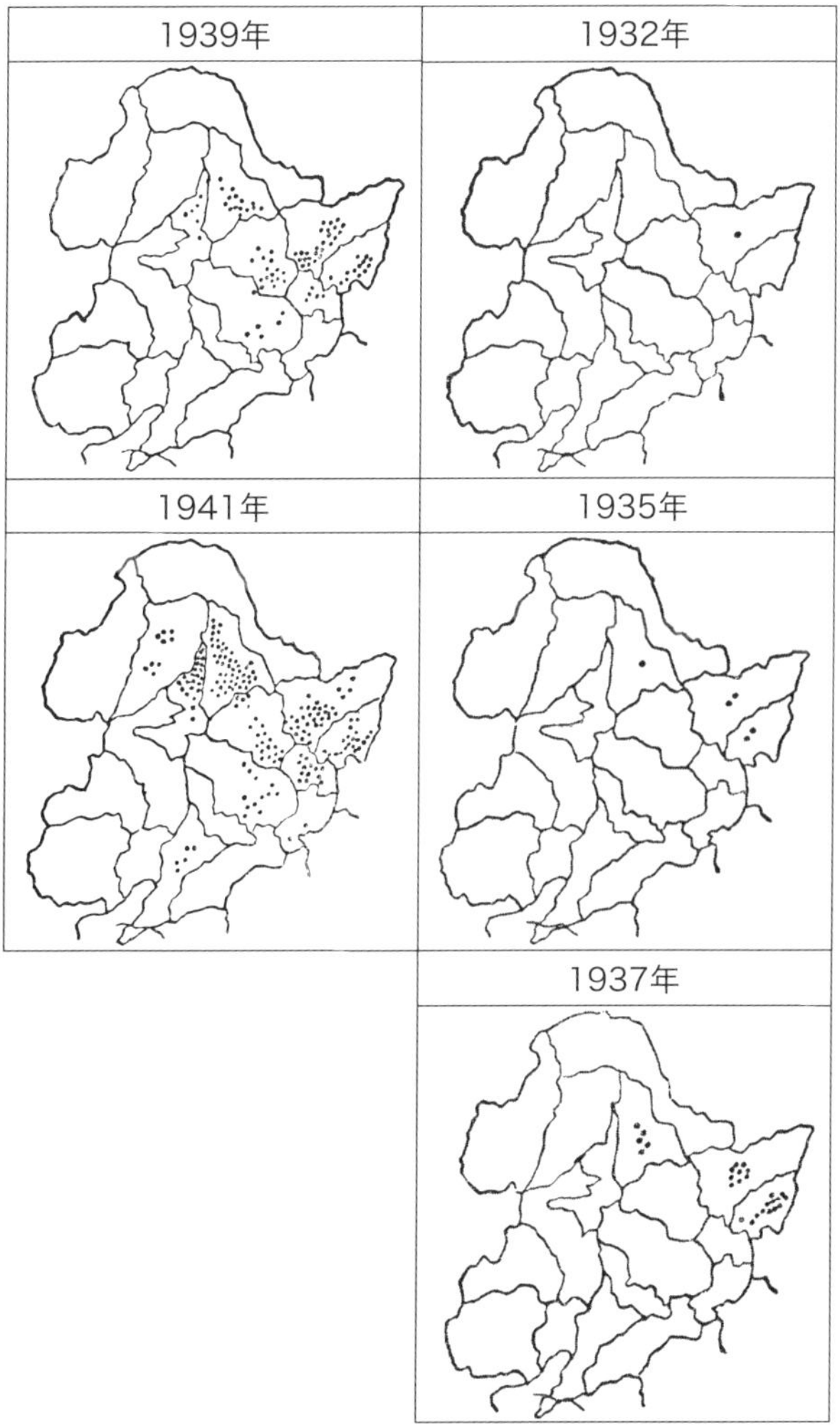

満洲移民入植地地図（図中の黒丸は入植地を示す）
出典：喜多一雄『満洲開拓論』明文堂、1944年、423、435頁を基に作成

り入れた「大陸農法」の導入が必要とされ、各移民村に模範農家が導入されたが（満洲国通信社『満州開拓年鑑』康徳八年、二〇九―二二八頁）、実効を見る前にソ連軍の侵攻を迎えることとなった。

関東州・満洲国での戦時統制

関東州も日中戦争以降戦時体制へと突入していくこととなるが、その戦時立法の施行過程を見ておくこととしよう。

日中戦争以降関東州の統制経済も進み始める。一つは、物流と金融、そして労働力の統制であるが、関東州は租借地であるため日本国内と同様の法令がそのまま適用されたのではなく、別途の法令で施行された。たとえば輸出入統制を行う日本の「輸出入品等臨時措置法」は、「関東州における輸出入品等に関する臨時措置に関する件」（一九三七年一二月）として、また「臨時資金調整法」は「関東州臨時資金調整令」（一九三七年一一月）として、また「国家総動員法」は「関東州国家総動員令」（一九三九年八月）としてそれぞれ施行されていった。

これにより若干実施時期は遅れるが、関東州も日本国内と同様にモノ・カネ・ヒトをめぐる戦時統制経済体制へと入っていったのである（大連商工会議所『関東州の工業事情』）。

関東州も物資動員計画の一環に包摂され、企画委員会が決定した物資配分計画に従って、生産工場から供給され移入された物資〈鉄鋼品・石炭・大豆・綿糸・綿製品・米〉を日満商事や産業部門別につくられた統制団体の手で配分されるシステムが作り出されていった。

また、一九三九年に円経済圏向け輸出が制限されるに伴い「関満支向け輸出調整令」が公布され、日本と関東州との間の交易は著しく制限されはじめた。

したがって、自由港だった大連は、統制法の規制を受けて自由港から統制対象港として、その活動は著しく制限され（宋芳芳「『日満支ブロック』下の大連港」『現代社会文化研究』四五、二〇〇九年七月）、またそして配給制度も強化され、生活必需品の配給制度は、一九四〇年一二月に関東局令第一二三号に基づき「関東州物品販売制限規則」が公布されて配給業者以外が該当製品を販売することが禁止された（大連商工会議所『関東州に於ける生活必需品切符制度の現状』）。

日中戦争下の大連港

関東州の大連は、自由貿易港としてこれまでその繁栄が維持されてきたのだが、日中戦争の勃発と拡大は、大連港にどんな変化をもたらしたか。

一九三〇年代後半には大連港の貿易量そのものは次頁の表に見るように輸出入ともに増加を開始している。一九三八年を例にとれば、純輸出額が四・五億円、再輸出の五四〇〇万円を加算すると五億円強、輸入は再輸入を含んで約八・六億円弱で輸出入総額は一三・七億円弱に上り、一九三五年時の輸出入総額七・八億円と比較すると約一・八倍まで増加している。

また輸入額は輸出額を大幅に上回っている。そして輸出総額のなかに占める再輸出額は七%から一五%前後を占めていた。開港以来自由港としての特性を持つ大連貿易の特徴は再輸出に

大連港輸出入貿易動向　　単位:百万円

年	純輸出	再輸出	計	純輸入	再輸入	計	総計
1935	290	25	315	464	0.09	464	780
1936	374	69	443	526	–	526	969
1937	407	77	485	641	0.004	641	1,126
1938	454	54	507	859	0.008	859	1,366
1939	540	61	601	1,146	0.06	1,146	1,747

出典:大連商工会議所編『大連経済便覧』1943年、32−33頁

ある（なお、大連貿易での再輸出をめぐるその貿易統計の問題点に関しては山本有造『「満洲国」経済史研究』第五章参照）。大連に輸入される物品の多くは関東州で消費されるのではなく、そこから華北、華中向けに再輸出されるものが大きな比重を占めていた。

したがって、特に一九三七年以降、華北・華中の日本占領地域での産業復興と産業開発が進むに従い、大連を中継して華北・華中に輸出される物品は急増した。しかも関東州での工業の発展に伴い、いったん関東州に輸入された物品が加工されて再輸出されるケースが増加すると再輸出額は大幅に拡大した。

たとえば、一九三八年を例にとれば、「州内消費のための輸入額は輸入額の一〇％に過ぎず他の約九〇％は大連港を経由し若しくは待機し或は加工製品化されて満洲国又は北中支に最終の消費を求めて再輸出された」（大蔵省管理局『日本人の海外活動に関する歴史的調査』関東州、通巻第二五冊、満洲篇第四分冊、六二頁）のである。

ちなみに大連からの主要輸出品は大豆三品（大豆、大豆粕、大豆油）が中心で、一九三八年では二億二一〇〇万円で、全体の四八・七％と半分近くを占めていた。また、輸入を見ると金属製品などが一億八〇〇〇万円弱、機械器具や車両船舶などが一億六九〇〇万円弱とト

ップで、以下綿製品の三四〇〇万円、人造繊維の三一一五万円が続いていた。後述するようにこの大豆三品の輸出と工業製品輸入という構造は、一九四〇年代に入ると大豆輸出に陰りが見え始める。

関東州での工業の拡大と油房業の衰退

では、一九四〇年代初頭の関東州の工業状況を見ておくこととしよう。次頁の表は関東州の一九三八年との比較でみた一九四一年時点での業種別の工場数、職工数、生産額である。総数を見れば工場数、職工数、生産額いずれも一九三八年を一〇〇とした時、一九四一年時点でのそれは一二〇から一三〇へと増加を示している。

満洲の工業力は急増というわけではないが、全体的には一定の成長力を維持してきた（須永徳武「１９４０年代の満洲工業」『立教経済学研究』六五―一、二〇一一年）が、同様の傾向は関東州での工業力の漸増傾向にも表れているといえよう。

しかし関東州での化学工業の伸びは鈍く、生産額が一〇〇を切っている点がこの時期の関東州の工業の特徴を反映している。一九四〇年代の満洲全体の化学工業の動向を見れば、明治期から化学工業の中心だった中小主体の大豆加工を中心とした油房業、アルコール醸造業などに代わり油脂、薬品、電気化学などが大規模な特殊会社として設立され始める（須永徳武「満洲の化学工業」『立教経済学研究』五九―四、六〇―四、二〇〇六年、二〇〇七年）。明治期から始まった関東州の化

関東州の工業構成(実数)

	工場数		職工数		生産額		工業構成(1941/1938×100)		
業種	1938年(社)	1941年(社)	1938年(人)	1941年(人)	1938年(百万円)	1941年(百万円)	工場数(%)	職工数(%)	生産額(%)
総数	1,060	1,372	62,522	76,333	376	488	129	122	130
紡織	61	89	7,780	1,0253	38	50	146	132	132
金属	122	163	5,626	8,173	35	39	134	145	111
機械器具	183	239	22,050	25,616	58	106	131	116	183
窯業	138	159	6,389	8,361	12	26	115	131	217
化学	113	126	8,631	9,471	182	180	112	110	99
食糧品	169	204	3,313	5,297	18	37	121	160	206
電気	2	2	193	143	4	9	…	…	…
瓦斯	1	1	115	212	2	4	100	184	200
製材	62	105	1,129	2,140	4	8	169	190	200
印刷	90	106	2,083	2,515	6	8	118	121	133
雑工業	119	178	5,213	4,152	17	21	150	80	124

出典:大蔵省管理局『日本人の海外活動に関する歴史的調査』第23冊、満洲篇第2分冊、307、309頁を基に作成

学工業は油房業を主体にしていた関係からそれが減少を示したものと思われる。

一九三八年と一九四〇年を比較して一九四〇年に減少を示しているのは、化学以外には雑工業があげられるが、かつて関東州の化学工業を代表していた油房業が減少傾向を示している点は留意されねばならない。

それは、「満洲国建国後他の産業は順風に帆を上げるの感があったに拘わらず独り油房業は依然不振を続け更に満洲国特産専管公社の設立せらるるに及んで俄然原料入手殆ど絶望状態に陥り一九四〇年には全工場挙げて休止するの余儀無きに至った。その後之が挽回のため百方策が講ぜられたが却って益々深刻の度を加えた」（大蔵省管理局『日本人の海外活動に関する歴史的調査』満洲篇第四分冊、関東州篇、三九頁）結果であった。

かつて「関東州といえば大豆加工の油房業」、「油房業といえば関東州」といわれた関東州を代表する油房業という柱が弱体化し始めた満洲化学産業は、一九四一年の関東州工業全体のなかで、工場数では全体の九・二％、職工数で一二・四％にとどまり、生産額でも三七・〇％にとどまったのである。

奉天省（鉄西地区）での軍需工業の拡大

次に一九三〇年代末から四〇年代初めの統制経済下の満洲工業の実態を視察した記録を検討してみることとしよう。

「満洲日日新聞」は一九三九年一月一八日から三月二三日までの約二か月にわたり「躍進奉天工業会の花形」と題する奉天鉄西地区の現地視察の連載を行っている。この鉄西地区の開発は、一九三七年一一月の「治外法権完全撤廃及び満鉄附属地行政権移譲に関する条約」発効に伴い奉天工業土地株式会社は解散し、その業務は奉天市政公署に移管されたことは前述したが（本書一八六頁）、その後この地域は、三七年七月の日中戦争の勃発とその後の戦線の拡大、三七年から始まった「満洲産業開発五か年計画」の下で日系企業の企業進出とともに満洲を代表する工業地帯へと変身したのである。

「満洲日日新聞」が報じるところによれば、一九三八年一一月末時点、鉄西地区で操業中の企業は八九社、そして建設中の企業数は二八社（一九三九年一月一八日時点）を数えているという（次頁表）。その内訳をみてみると、金属（企業数二四社、投資額一億一九五万円）、機械（二一社、一億五一九二万円）、食料品（一八社、八九九七万円）、化学（一六社、五六四五万円）が上位四位までを占めており、工事中の企業数が多いのは機械、金属、化学部門だった。化学部門を見ると主力を占めるのはゴム、製薬、染料、皮革などの軍需分野でかつての主力だった民需部門の油房業はこの中には登場してこない。同紙は「鉄西工業区の有する燃料、動力、用水、労働力、交通市場関係に対する絶対的優位性の認識深化と相俟って内外資本家の鉄西進出は当然と予想され、年生産力一億円を完破する日は一両年を出ないであろう」（「満洲日日新聞」一九三九年一月一八日）と述べ、奉天工業地域の発展を予想していた。

鉄西地区業種別工場内訳（1938年11月時点）

業種	企業数			投資額（千円）	主要企業
	操業中	工事中	合計		
紡績	6	1	7	2,225	奉天紡紗廠／満洲富士紡／満蒙毛織／満洲製麻／康徳染色
金属	18	6	24	10,195	中山鋼業所／日満鋼材／満洲電線／金鉱精錬廠／大信伸銅錆鉄
機械	14	7	21	15,192	満洲日立製作所／満洲協和工業／奉天製作所／満洲機器／満洲通信機／富士電機工廠／満洲車両
窯業	6	2	8	2,195	大連沙河唱光硝子会社／南満硝子会社
化学	10	6	16	5,645	日本ペイント／国華ゴム／鶴原製薬／満洲皮革／満洲紙工／奉天酸素製造公司
食料品	18	…	18	8,997	満洲製糖／三立製菓／明治製菓／国益精糧公司／東洋製粉／満洲特産工業／満洲千福／本嘉納／満洲麦酒／亜細亜麦酒
電気	1	…	1	…	—
製材	4	…	4	1,140	—
雑工業	8	5	13	894	東洋木材／東亜鉛筆／太陽煙草
倉庫	4	1	5	…	—
合計	89	28	117	46,483	

注：企業数は「満洲日日新聞」1939年１月18日と１月19日では相違があるが、１月18日の数値を採用した
注：企業名は主要企業のみに留めた
出展：「満洲日日新聞」1939年1月18日—1939年３月23日連載「躍進奉天工業界の花形」を基に作成

昭和製鋼所・本渓湖媒鉄公司の拡張

一九四〇年代初頭の撫順の昭和製鋼所、本渓湖の本渓湖媒鉄公司の二社の動向を見ておこう。「満洲産業開発五か年計画」進行に伴い、同計画の「鉄鋼部門を担う昭和、本渓湖ともに石炭は撫順炭、田師付炭に新たに開発した北票、密山炭と華北からの石炭供給を追加する形で、また鉄鉱石は自社鉄鉱主体に東辺道鉄鉱山からの供給を加えた増産体制が推し進められた（松本俊郎「満洲鉄鋼業開発と『満洲国』経済」、山本有造編『「満洲国」の研究』、二九〇―三〇六頁）。

昭和製鋼所は増産計画開始以降銑鋼一貫体制が推し進められた。銑鋼一貫であるがゆえにアメリカから輸入する屑鉄を原料に鋼材を生産する日本国内の製鋼企業とは異なり、一九四〇年九月のアメリカの屑鉄禁輸措置の影響を受けることが少なく生産増強をつづけた結果、一九四〇年時点でともに銑鉄、鋼材、銑鉄対日輸出の三分野で前年比で漸増を記録していた（満洲鉱工技術員協会編『満洲鉱工年鑑』一九四二年度版、一九八頁）。

他方、もう一方の鉄鋼増産の柱である本渓湖媒鉄公司も増産を試みたが、主力の南坟廟児溝鉄山が「その埋蔵量は自ずから限度がある」（同書、二〇八頁）ため「媒鉄将来の増産に暗影を投ずる」（同書）としていた。しかし、本渓湖の技術陣は、脱燐技術の開発によりこれまで使用され難かった貧鉱から低燐銑鉄生産の道が開かれ低燐銑鉄増産が可能となって、増産が開始された（同書、二〇八頁）。

ルポルタージュ① 工業開発の困難さ

一九四〇年五月から六月にかけて東洋経済新報社の社長だった石橋湛山《たんざん》（一九五六年、第五五代総理大臣）は、ダイヤモンド社社長の石山賢吉《けんきち》らとともに朝鮮、満洲旅行を試み、朝鮮北部の興南を拠点とする朝鮮窒素や水力発電設備などを見学した後、満洲へ入り東満の開拓村を振り出しにハルビンから南下して新京（現長春）、奉天（現瀋陽）、大連の工業地帯を視察している（石橋湛山『満鮮産業の印象』）。

さすがに練達のジャーナリストだけに朝鮮から満洲にかけて短期間に視察したのだが、ポイントは外していない。北部朝鮮から東満では長津江や松花江、鴨緑江の巨大水力発電事業や朝鮮北部の茂山《むさん》鉄山を、南下して満洲工業の心臓部である本渓湖、撫順、鞍山の鉱山、炭鉱、製鉄所、石炭液化、オイルシェール事業を視察している。

この間、東満の弥栄（第一次移民団）、千振（第二次移民団）を振り出しに各地の開拓村を視察している。一か月半の短期間の視察旅行だが、彼の朝鮮、満洲での工業化の見通しは厳しい。まず寒気の気象に対応するために予想外のコストがかかること、したがって開発には予期せぬ余分の固定資本がかかること、茂山、撫順、本渓湖の貧鉱主体の鉄鉱資源活用にみられるように資源量は豊富であるが、質的に見てその商品化には膨大な資金がかかること、交通機関の発展が不十分なこと、労働力が少なく、かつその質が高くないため、予想以上に労働コストが高くなること、などをあげてその開発の困難性を指摘している。

「開発には莫大の資本を要す」「満洲は今後大入超を続けねばならぬ」「満鮮の事業は必ずしも有利ならず」「安くない満洲の労働賃金」といった石橋湛山の指摘はそれを物語り、満洲開発の困難性を鋭く指摘している。

鋭い視点は移民政策に関しても同様である。開拓村では日本人農民が、中国人農民の耕作法を模倣して営農している現実に着目、「農業方法の確立が肝要」であり、「北海道農法の移入」が必要だと主張する。そして、その実践例を中心に満洲国開拓総局長の稲垣征夫と満洲拓殖公社東安地方事務所長の長澤信之介の「新農法」を紹介している。石橋の満洲開拓の視察は開発の問題点を鋭く突き、そしてその見通しは厳しいものだった。

ルポルタージュ②　中国人の逞しさ

一九三九年秋に満洲を旅行した人物に映画評論家の今村太平《たいへい》がいる。彼は一〇月から大連、旅順、撫順、奉天、新京、白城子、昂昂渓《こうこうけい》、ハルビンを回り、再び奉天、撫順、大連から安奉線で朝鮮経由で帰国の途に就いている。

彼は映画関係者だから当然満洲の映画人、満映（満洲映画協会）スタッフとの交際が旅の中心となっている。満映が設立されたのが一九三七年八月だが、新京の南湖にスタジオが完成し本格的稼働を開始するのは今村が満洲を訪問した一九三九年一〇月以降のことである。それまでは長春郊外の寛城子の旧機関車庫を活用した仮設スタジオで満映の映画作りが行われていた。

今村は、満鉄映画製作所から満映に移籍した芥川光蔵《あくたがわこうぞう》の案内で満洲を旅行し、寛城子と南湖の満映撮影所を訪問している（今村太平『満洲印象記』）。

彼は、関東州の大連、旅順、元満鉄附属地の撫順、奉天、新京、そしてそれ以外の白城子、昂昂渓、ハルビンを旅しているが、関東州、元附属地そしてそれ以外の満洲の各地の違いに言及してはいない。たぶん、附属地返還から三年を経過して関東州と満鉄附属地、そして附属地外といった相違は表面上は消えてしまっているのであろう。そうしたなかで今村がみたものは、全満同一化のなかで、目立つ在満中国人の逞しい生活力であった。

ルポルタージュ③　満洲移民の実態

ほぼ同じ時期に島木健作《しまきけんさく》と広津和郎《ひろつかずお》も満洲旅行を試みている。「農民作家」と称されていた島木健作にふさわしく、北満の日本人移民農家やその関係機関を中心に一九三九年春から夏にかけて旅行を続けている。

訪問したのは北満日本人開拓地一五か所と五か所の青少年義勇軍訓練所である。彼は開拓村に入り込んで観察を続ける中で、開拓政策がどこまで進んでいるかに鋭い目を向けている。一九三二年に北満開拓が開始されてから七年が経過し、満洲開拓の目標だった四大営農方針である「自作農主義」「自給自足主義」「共同経営主義」「農牧混同主義」がいかに進んでいるかを観察している。島木は、この目標が全く実現されていないこと、つまり「自作農主義」は中国人労働者への依存か彼らへの小作化へと変わり、その結果、「自給自足主義」「共同経営主義」「農牧混同主義」は形骸化している実情を紹介している。

そしてそのカギは、日本人移民が採用した「満洲の在来農法」にあるとしている。「郷に入っては郷に従え」の例えどおり、日本人移民は、内地農法に代えて在来農法を中国人から学習し、営農を開始したのである。

役畜と犂丈《リージャン》を使う在来農法は、耕種、除草、収穫に大量の季節労働者の使用を前提としており、それは「自作農主義」「自給自足主義」の範囲を超え、農家収支に破綻をもたらす。島木は、開拓団を訪問し、彼らとの会話を通じてその破綻の裏付けを取ると同時に開拓民の農家家計調査から季節労働に支払われる「労務費」負担が開拓民の農業経営に破綻をもたらすことを詳細に記述している。

島木は、この解決策を北海道農法に基づく改良方法に求める。プラウ、ハーローを使う北海道農法が果たして北満農業に定着できるかどうかの結論を出さないままに島木の「満洲紀行」は終わっている（島木健作「満洲紀行」『島木健作全集』第一二巻）。

戦後の一九四九年夏に起きた国鉄をめぐる三大事件（下山事件、三鷹事件、松川事件）の一つである「松川事件」裁判弁護で有名になる広津和郎も、戦前期に島木より約二年のちの一九四一年五月に友人とともに朝鮮、満洲旅行をし、新京とハルビンを旅する中で弥栄、龍爪、千振の三開拓村を視察している。

そこで目にしたのは中国人商人が日本人の必要物資を闇で日本開拓村に支給することで寄生して生きる姿や、強制供出のため綿羊一〇〇頭を撲殺せねばならなかった話や、開拓村の警備兵をしながらも生活を楽しむ白系露人の家族の話を、そして満洲移民に対し拓務省は熱心でもそれに消極的な大蔵省のため、北海道に発注した大陸農法の農具が一年半も満洲に届かなかった話など、統計を扱うだけでは理解できない興味深い話が紹介されている（広津和郎『続年月のあしおと』、二三一―二四二頁）。

見果てぬ夢――「大陸農法」

では満洲移民の農業技術の向上と改善は進んだのであろうか。石橋湛山や島木健作が指摘した在来農法から北海道農法への脱却は実現したのであろうか。まず、政策当事者たちの間で意見が統一されていなかった点をあげなければならない。開拓総局の安田泰次郎《たいじろう》と京大農経教室の本岡武の『帝国農会報』誌上での論争はその一例であろう（安田泰次郎「北満開拓農業経営の新動向」『帝国農会報』第三一巻第四号、本岡武「北満開拓と所謂北海道農法導入問題―北満開拓地農業経営論の一節」同書第三〇巻第一一号、本岡武「満州開拓農業経営の基本問題―特に経営形成過程の問題を中心として安田技佐の反駁に答ふ」同書第三一巻第一〇号）。

安田は北海道農法の満洲拡大の可能性と必要性を、そして本岡は開拓民の置かれた客観的条件や位置からその困難性を主張し時期尚早と断じた。安田の背後には北海道農法を主張・推進

開拓農業実験場数

1939年	88戸	三江・樺川、三江・鶴立、東安・鶏寧、賓江・ハルビン市、吉林・舒蘭、北安・通北、龍江・訥河
1940年	14戸	北安・綏稜
1940年	29戸	吉林・舒蘭
1940年	38戸	東安・密山、牡丹江・寧安、吉林・磐石、興安東・フトハキ、錦州・磐山、北安・綏稜
1940年	15戸	吉林・敦化、龍江・鎮東

出典：満洲開拓史復刊委員会『満洲開拓史』全国拓友協議会、1980年、421頁

する矢野伝らの開拓総局の力があり、本岡の背後には加藤完治や橋本伝左衛門《でんざえもん》、那須皓《しろし》らの「内原グループ」の農本主義的勤労主義の力が働いていたことは否定できない。

大陸農法の導入は一九三八年頃から進められた。橋本伝左衛門や加藤完治らの反対を押し切る形で一九三八年三月、北海道農法の推進者が入満し試験的な導入を開始した。成果は上々で、開拓総局は一九四〇年度から開拓農業実験場を設置することとなり、五四戸の選抜隊が渡満し営農を開始した。多くの農家はプラウ農法を用いて七町歩からそれ以上を耕作し、家畜を飼育し、中国人農民を圧倒する成果をあげていた。

この成果に関してはこれを高く評価する見解（玉真之介『総力戦体制下の満洲農業移民』）と疑問視する見解（今井良一『満洲農業開拓民』）に分かれるが、玉が政策的分析に重点を置いているのに対し、今井は実施過程を注視している点で相違がみられる。玉の実施過程分析の成果を待たねばならないが、現状においては今井のほうが実施過程を跡付けている点で説得力を持っている（白木沢旭児「満洲開拓における北海道農業の役割」寺林伸明・劉含発・白木沢旭児編『日中両国から見た「満洲開拓」』、八三頁）。実際にプラウ農法に不可欠なプラウの生産や稼働状況を見てもそれらが十分ではなかったことを考えると北海道農法を基軸とした大陸農法の動きを過大に評価することはできない。

X

太平洋戦争下の関東州と元満鉄附属地地域

（一九四二－四五年）

太平洋戦争の勃発とその展開

日中戦争の泥沼化が進む中で一九四一年一二月太平洋戦争が勃発した。同年四月、日ソ中立条約を締結してソ満国境の守りを固めてきた日本は、四一年六月に独ソ戦が勃発すると関東軍は「特種演習」（「関特演」）の名のもとに約七〇万人の兵力を満洲に集結した。七月の御前会議では対英米戦と対ソ戦準備を想定した「情勢の推移に伴う帝国国策要綱」を決定していた。

一度は緊張した満洲情勢も九月の御前会議では対米戦を射程に置いた戦争準備を盛り込んだ「帝国国策遂行要領」を決定し、さらに一一月初頭の御前会議では「大東亜新秩序建設」を目途に対英・米・蘭との戦争を決意し、その武力発動日を一二月初旬と決定した。

対ソ戦を断念した理由は、南方の欧米植民地の石油、天然ゴム資源など戦略物資の獲得を優先したことが大きかったが、一九四一年六月以降の独ソ戦勃発後もソ満国境のソ連軍の戦力の変化が少なかったこともあげられる。一九四一年「七月中旬ごろ独軍の呼号する短期決戦に陰りが見えはじめた。また、東ソ軍（極東ソ連軍――小林注）の兵力減少も我が方の期待を裏切り、その戦備はさほど弱化を示さなかった。反面、南方の空気は急速に緊張の度を増し、八月上旬末ころまでに決定すべき北方処理の発動は今や不可能と見ざるを得ないようになった」（防衛庁防衛研修所戦史室編『関東軍〈二〉』、六五頁）のである。

こうして一二月八日のハワイ真珠湾の奇襲攻撃をもって始まった太平洋戦争は、四二年一月にはマニラを、二月にはシンガポールを、三月には蘭印を、五月にはビルマ（現ミャンマー）のマンダレーを占領し、六月までに北はアリューシャン列島のアッツ、キスカ両島から、東はソロモン群島のガダルカナル島まで、南はニューギニア、ソロモン群島から西はビルマまでを占領した。

しかし一九四二年後半からは徐々に戦局は日本の不利に変わり始めた。一九四二年六月にはミッドウエイで日本海軍はアメリカ軍に大敗し、八月にはアメリカ軍のソロモン群島からの反撃が始まり、翌四三年二月には日本軍のガタルカナル島からの撤退、五月のアッツ島での玉砕、一一月のタラワ・マキン島での玉砕、四四年七月のサイパン島での玉砕と日本軍守備隊の敗北が続き、六月のマリアナ沖海戦、一〇月のレイテ沖海戦で日本海軍は大敗した。こうして米軍が日本本土へと接近する緊迫した状況が生まれてきたのである。

関東軍の静謐作戦と兵力の南方抽出

太平洋戦争が勃発した一九四一年から戦線が日本の攻勢から守勢に転ずる四四年まで関東軍司令官を務めたのは梅津美治郎《よしじろう》だった。梅津は一九三九年九月のノモンハン事件終結から太平洋戦争の戦局が風雲急を告げる一九四四年七月までの約五年間の長期にわたり関東軍司令官のポストにいたのである。満洲事変以降ノモンハン事件が起こる一九三九年までの八年間で関東軍司令官は、本庄繁、武藤信義、菱刈隆、南次郎、植田謙吉と五名のめまぐるしい交代を見た時期と比較すると対照的である。

梅津の役割は、ノモンハン事件まで暴走し続けた関東軍を立て直し、秩序ある軍へと再編成する点にあった。しかし梅津の関東軍司令官としての任期が長期だったのに反して参謀長の交代はめまぐるしかった。この間、参謀長は飯村穣《いいむらじょう》、木村兵太郎《へいたろう》、吉本貞一《ていいち》、笠原幸雄の四名に及んでいる。しかも作戦参謀を見ると四三年八月から四四年初頭までで全員が入れ替わった。さらに参謀長は、赴任に際して、「今後南方戦局の切迫に伴い関東軍から兵力を抽出する場合、もし異論が出たとしても、それを押し切って中央の要求に応じてもらいたい」（防衛庁防衛研修所戦史室編『関東軍二』、二三四頁）という要求があったと言う。

一九四四年以降フィリピンなどの南方、グアム、パラオ諸島といった南洋群島、そして沖縄、台湾などへの兵力抽出は一九四四年以降続き、一九四三年に一九師団を数えた在満兵力は四四年には一一師団まで減少した（小林英夫『関東軍とは何だったのか』、一六八―一七四頁）。急激に減少した在満兵力を前に、関東軍は日ソ中立条約を頼りに静かに落ち着いて対応し、ソ連を刺激しない「北方静謐」政策を基本として、一九四二年までの対ソ積極的攻勢案は、四三年以降は消極的守勢に転じ、ドイツ軍の後退とともに「専らソ連の進攻がないことを念願する」（前掲『関東軍二』、二五八頁）ようになったという。

満洲国と関東州の後方兵站基地化

太平洋戦争の勃発は関東州と満洲国に新たな役割を課すこととなる。直接戦場となった南太平洋地域から一番奥まった地理的位置を持ち、しかも日ソ中立条約で北辺の安全が保障されていたかに見えた満洲国や関東州は、安全地帯として後方兵站基地としての役割を与えられたのである。

満洲国は一九三七年から始まる第一次「産業開発五か年計画」は四一年には終了し、四二年から第二次「産業開発五か年計画」に入っていた。満洲国とともに関東州も日本の兵站基地化の道を歩みはじめていた。特に一九四三年以降日本が守勢に入り始めると、逆に満洲、関東州の兵站基地としての役割は増し始めた。

日本と南方占領地との間の輸送路は米海軍の攻撃で次第に断ち切られていっていた。特に一九四三年から四四年にかけて建造船舶数を大幅に上回る喪失船舶数の急増のなかで（大井篤『海上護衛戦』）、南方資源の日本輸送が危機に陥るなか、四三年以降、鉄道を使用した南方からの輸送転換が積極化する。

「陸送転移」と称されたこの方針は、南方から中国の華中、華北、満洲を経由して朝鮮半島を縦貫して日本へ物資を運ぶというものだった。しかし、この方策も中国大陸での国民政府軍・共産党軍による鉄道破壊や在中米軍の航空機による鉄道攻撃などで、輸送は円滑には進まず、その分、満洲、関東州の軍需生産の重要性が浮き彫りにされ始めた。

ボーキサイトの代用品だったアルミナを含む礬土頁岩《ばんどけつがん》やホタル石などによる日中戦争後の満洲でのアルミニウム生産は、太平洋戦争勃発と南方のビンタン島産ボーキサイトの入手により一時中断していたが、南方との輸送路の切断とともに再び見直されて満洲での生産が再開された。撫順炭鉱の人造石油生産も、南方での石油資源の獲得とともに満洲での人造石油生産は中断されていたが、海上輸送路切断の危機のなかで石油を筆頭とする南方資源の取得が困難となるに伴い、再び復活した。

太平洋戦争の戦況が劣勢になればなるほど、逆に満洲、関東州の食糧・工業資源供給地としての重要さが増加し始めたのである。

戦時統制の強化と生産の非効率化

では、一九四〇年代前半の戦時統制が強化された関東州の政策展開を見ておくこととしよう。太平洋戦争が守勢に転じた一九四二年暮れには「関東州戦時生産増強対策要綱」が発表された。これは「重要物資の緊急増産を迅速果敢に遂行するは、刻下の絶対的要請」だとして、「官庁業務の調整統一」、「時局緊用産業の飛躍的生産増強」、「国民皆労精神の徹底」をうたったのである（関東州経済会編『関東州経済年報』昭和一九年度版、四七―四八頁）。そのため、その指揮命令する経済参謀本部としては関東州臨時生産増強委員会が、そして生産増強推進の総合調整のための機関として新たに関東州戦時生産増強推進協議会が設置され、一九四三年七月には関東州生産増強推進班が組織された（同書、五三頁）。

もっとも生産増強には掛け声は高くとも実効が伴わず、「余りにも玉石混淆的な生産増強方策が氾濫し、中には労多くして効少なしと云うが如きものさえあるやに思われる」（同書、六九頁）状況も生まれていたという。高碕達之助《たかさきたつのすけ》は、統制経済は「生産はほとんど上がっていない。貴重な金が無駄に浪費されている」、そして、その原因は「決して幹部の浪費によるものではなく、その根本的原因は統制経済そのものの中にひそんでいた」（高碕達之助『満洲の終焉』、六七頁）と断じている。政府、関東軍が背後で物資の配給を操縦するため、かえってその分、生産が円滑に進まなかったのである。

しかし統制の強化は一九四三年以降確実に進行していた。生活必需品の切符制による配給統制は一九四〇年七月以降から始まっていたが、一九四二年頃からその適用範囲は糧穀、小麦粉、食用油、綿布、暖房用石炭などすべての分野に広がり始めた（片倉衷・古海忠之『挫折した理想国―満洲国興亡の真相』、二七〇頁）。統制経済の矛盾に関して満洲を視察旅行した広津和郎は鋭く指摘しているが、この点に関しては既述したので省略する（本書二一〇頁参照）。

統制下の関東州・元満鉄附属地の工業

一九四〇年代の満洲工業の実態を見ておくこととしよう。まず、満洲重工業の中核である鉄鋼業はどうであったか。満洲二大製鉄所である昭和製鋼所と本渓湖媒鉄公司の活動を松本俊郎の研究でみておこう。

すでに一九四〇年代に入ると自社鉱と自社炭に加えて満洲炭鉱と華北炭に東辺道の鉄鉱石を

加えた外部資源依存が始まっていたが、それが一層進行した。松本の研究によれば、遠方の華北や朝鮮からの石炭、鉄鉱石への依存を深めて、生産された銑鉄は自家製鋼原料と対日輸出が主体であったが、海上輸送の分断とともに対日輸出は比率を下げ、その分、満洲民需向けが増えてきてはいるが、量的には対日輸出と比較して問題にならないほど少量である。

鉱塊・鉱片・鋼材も、鋼塊は圧延用に、鉱片は満洲内企業への地売に、鋼材は日本からの輸入材が主体で、満洲材は生産力拡充に充当されていた（松本俊郎「満洲鉄鉱業開発と『満州国』経済」山本有造編『「満洲国」の研究』、二九八―三〇六頁）。満洲地場経済との関連は、経済統制下で著しく希薄だったといえよう。

満洲重工業開発株式会社（満業）も停滞状況に陥った。一九四一年に創立者の鮎川義介《あゆかわよしすけ》は満業総裁を辞任し、後事を副総裁の高碕達之助に託して満洲を去った。満業の業績も悪化を開始した。この時期の満洲産業状況を高碕は戦後以下のように回想していた。少し長いが引用しておきたい。

「満州での私ははじめ満州重工業の副総裁として仕事を始めたが、それまで東洋製罐をやっていた考えから見るとケタがはずれて仕事が大きい。しかし民間の仕事は百万円の資本金を使えば最低二百万円くらい売り上げなければならないのに、満州でやっている事業は百万円の資本金を使って五十万円の売上しかないという実情だった。こんなことでは事業になるわけがない。これをどうしてもそこまでもっていかなければならないと考えたが、当時の満州の事業は、ただ金をかければ生産ができるという考え方が強かった。これは大きな間違いだった。そこで私はむしろ金をかけない方が生産がふえる。予算をうんと削って仕事の方に重点を置けということでやったところだんだんよくなってきた。これなら予定通りいくと思っていたところ昭和十六年十二月に太平洋戦争が起こり、戦争遂行上どうしても必要だというので、最初の五ヶ年計画の目標を三倍に増やした修正計画が立てられた。この目標はとうてい実行できる数学《ママ》ではなかった。結局、満州重工業の副総裁であった二年間と、鮎川氏の後を受けて総裁になってからの一年間は満州の工業は必ず良くすることができる確信を持ち、そしてだんだんよくなっていたのであるが、軍が大きな圧力を加えてきて、われわれの方針を全然いれてくれないようになると仕事は行き詰まってきた。終戦一年前ごろは空襲があるというので、製鉄所や工場を移動しろと軍が命令的に出てきたが、これに対して私たちはもはや発言力を失っていた。かりにあったとしても軍の命令でやっているのではだめだと思った。こんなやり方ではどうなるかわからぬと考えだしたときはすでに満州の終末は近づいていた」(「私の履歴書、高碕達之助」一九五六年一二月、日本経済新聞連載、『私の履歴書　経済人1』、四四五―四四六頁)。

かようにして生産の量的拡大は質的向上を生まぬまま停滞状況に陥っていったのである。

満洲移民政策の展開

一九四二年から「二〇箇年百万戸移住計画」の第二期五か年計画がスタートし、移民団が組織されて移民政策が開始された。

第一一次移民団が一九四二年に、そして第一二次が一九四三年、第一三次が一九四四年に入植した。さらに満洲開拓地の満洲国地方自治制の導入を企図した街村制（一九三七年一二月）の適用や開拓地の「永代世襲」をうたった「開拓農場法」（一九四一年一一月）が制定された。一九四二年から始まる第二期五か年計画では三七年から開始された第一期計画入植戸数八万戸に対して、二二万戸送出を計画し、四六年には全体として三〇万戸に上る計画であった。そして、その移民者の課題は満洲国の国防（北辺防御、工場地帯・軍事地帯防御）と戦時食糧調達が位置づけられた（満洲移民史研究会編『日本帝国主義下の満洲移民』、八四—九〇頁）。

ところが、日中戦争から太平洋戦争にかけての戦時下で軍需工業への農村労働力の動員と軍への徴集者の激増の結果、農村労働力の量的質的低下は顕著で、一九四四年時点での農村労働力不足は深刻で、「実人員二二四万人の不足」（法政大学大原社会問題研究所編『太平洋戦争下の労働者状態』一八一頁）という状況に陥った。

労働力不足の顕在化が、満洲移民応募者数の減少を生み出したことは言うまでもなく、この結果、満洲移民の計画戸数と実行戸数の乖離が激しくなった。計画達成率を見れば、一九三二年から三六年までの「試験期」が八二・七％、一九三七年から四一年までの「本格的移民期」が五八・七％だったのに対し、四二年には五〇・二％にまで落ち込んだ（『日本帝国主義下の満洲移民』、九〇頁）。

第二期五か年計画実施に当たり一九四二年一二月に満洲国開拓総局は、「戦時開拓政策」を発表しているが、その内容は計画戸数に到達しない欠陥移民団の員数補充に重点を置き、移民団の課題を食糧増産に置いた点にある（同書、九四頁）。

日本人の全満地域への拡大と街村レベルへの支配の試み〈街村制と開拓団〉

一九四〇年以降の日本国内での農村人口の減少のなかであっても、関東州でも満洲国でも次頁の表に見るように日本人人口の漸増が明確となる。

関東州では日本人人口は一九四〇年代に入ってからも増加を続けた。また、満洲国において も関東州同様日本人人口は増加を続けた。これらの日本人人口の増加とともに満洲国政府の街村制整備による地方政治統治体制の強化が進められた。都市部（人口二万人以上）と農村部（一〇〇〇戸）を束ねて街村制を整備し、街村を基底に満洲国地方行政機構づくりが開始されたのである。

起点は一九三七年の市街村自衛法にあった。建国以来の保甲法に代わって制定された市街村自衛法は協和会分会や興農合作社（金融合作社と農事合作社を合わせて一九四〇年に作られた）の分会と合わせて村落自衛の要に位置付けられていたのである。一九三九年に街村制施行に伴い、日本人の満洲移民団も「団」を「村」と名称を変え（たとえば弥栄開拓団は弥栄村と改称）、その一環に包摂されて地方統治の一翼を担うこととなった。こうして街村制が満洲全土へと拡大を開始したのである。

しかし、こうした制度が整備されていったとはいえ、村政自体は張作霖時代と大きく変わることはなかった。村公署の官吏が私腹を肥やすために公課以外の割り当てを徴収する攤派《タンパイ》の横

関東州・満洲国人口動向

単位：千人

年	関東州				満洲国			
	日本人	中国人	その他	合計	日本人	中国人	その他	合計
1938	185	1,039	2	1,226	522	36,979	1,123	38,624
1942	223	1,352	9	1,584	1,097	41,756	1,609	44,462
1943	237	1,443	2	1,682	1,148	42,475	1,700	45,323
1944	239	1,421	1	1,661	…	…	…	…

出典：関東州の人口は大蔵省管理局『日本人の海外活動に関する歴史的調査』通巻第25冊、満洲篇第4分冊、154頁、満洲国の人口は同書通巻22冊、満洲篇第1分冊、210頁

行はやまなかったからである。

満洲事変前の奉天軍閥統治下でも財政を統括していた王永江《おうえいこう》は攤派の横行を禁止する法令を出して取り締まったが、効果は少なかったといわれる。また村公署も土地の顔役が税務を独占する状況で、日本統治者による村政支配と村落末端組織の食料調達機構への再編は緊急の課題となっていた（満洲国史編纂刊行会『満洲国史』各論、一八六―一八八頁）。さらに一九四〇年代に入ると食糧増産を目的に農村金融を目的とした金融合作社（一九三三年設立）と農作業補助を目的とした農事合作社（一九三七年設立）を合体した興農合作社が新たに作られ（一九四〇年）、戦時下での農産物集荷実績向上機構が強化された。

飯塚浩二の関東州・満洲巡り

太平洋戦争も押しつまった一九四五年二月に飯塚浩二《いいづかこうじ》は満蒙旅行を試み、二月に関東州の大連、旅順、金州を訪問している。

ソ連参戦半年前に満洲旅行を試みソ連参戦二か月前に「無事内地帰還」を果たした飯塚浩二の時代状況を読む感覚も大したもの

だが、緊張した雰囲気のなかで貴重な記録書である『満蒙紀行』を残している。もっとも大連育ちの小説家の松原一枝《かずえ》は、「大連の一般市民は、内地の一般市民と比較して驚くほど祖国の運命について楽観的だった」（『大連ダンスホールの夜』、一九七頁）と記しているほど安全神話が浸透していたのだから、そこから推察すれば飯塚のような行動は、さほどの冒険的行為とは思われなかったのかもしれない。

一九四五年二月に極寒の大連を訪れた飯塚は、戦時下の大連港の埠頭事務所、埠頭荷役を担当する福昌華工株式会社とその宿舎碧山荘を訪問している。ここにも太平洋戦争の影響が表れていて、戦時下の輸送状況の不安定性を反映して貨物取扱量の波が激しく、埠頭業務の繁閑が非常に厳しいことを記録に残している。

賃金に関してみれば、進行するインフレーションを反映して賃金高騰が激しく、一九四四年には三五〇円程度だった工人募集費が一九四五年二月には会社負担を含めて八〇〇〇円に跳ね上がったとしている。飯塚は大連名物の油房も訪問している。過去多くの著名人（本書でも夏目漱石が一九〇九年に、与謝野鉄幹・晶子夫妻が一九二八年に訪問していることを紹介している）が訪れている場所だが、さすがに一九四五年に訪問し、記録を残しているのは飯塚以外には少ない。

飯塚によれば、大連で油房業を営むのは日系三社、中国系一九社の合計二二社で、蒸気で大豆を蒸しローラーにかけてつぶした後プレスで搾油する方式は明治以降と変わりはないし、さらに中国人労働者が全裸に近い状況で搾油作業を行う姿も以前と変わりがないが、違うのは大豆原料が供給されないので、稼働期間は週に二日で一日三時間程度で終了する点にある。

飯塚は次の訪問地である旅順での日程を短期で終わらせた後、金州の内外綿工場を訪問している。ここは戦時下でも増産要請が舞い込み、原料、労務双方で増産のための行政措置が取り計らわれている。なぜなら日本から繊維製品の供給が途絶えた一九四〇年代半ばでは、農民からの農産物供出の集荷実績をあげるためには、農民がほしがる衣料品をバーター（物々交換）で提供する必要があるからである。

飯塚は旅を終了する直前の一九四五年六月に浜江省次長で、戦後は池田勇人総理の側近として、高度成長政策の実現に大きく寄与した田村敏雄《としお》（田村俊雄に関し詳しくは小林英夫『田村敏雄伝』参照）をハルビンに訪ねている。彼はそこでハルビン市に隣接する阿城《あじょう》県での灌漑溝造成での通水式に立ち会っている。

その時活躍するはずの工業技術を象徴する機械が、奉天鉄西工業区の日系企業で作られた揚水ポンプであるはずだった。ところが田村次長が揚水開始を知らせる赤旗を勢いよく振り下ろした直後に揚水がスタートして一斉に水がほとばしると思いきや、一〇台のうち満洲奉天の鉄西工業区の工場で作られた数台は稼働しなかったのである。飯塚は「鉄西重工業の実力はこの辺ということなのか」（飯塚浩二『満蒙紀行』、二四〇頁）と断じている。

彼の紀行を読む限り、この段階では関東州と満洲国との地域的違いを気付かせる記述はほとんどない。ただ、わずかに彼が宿泊した大連ヤマトホテルの以下の記述の中にその一端を知ることができる。

「（大連ヤマトホテルは）ロシア人がナポレオン三世時代のフランスの様式をモデルにして建てたの

をそのまま継承したのであろうか。満洲のヤマトホテル中いちばん宏壮で、個室の天井も高く、間取りも鷹揚に設計してある。調度もどっしりしている。バスタップから何から何まで一まわり大型という感じだった。しかし、これは明日になってからわかったことだが、食事はもっとも劣る。考えてみたら、ここは満洲国ではなく、関東州であり、物資の点では、せっかくの満洲から一応切り離されているらしい」(同書、二一九頁)。

飯塚は、食事を通じて距離的にはつながっているが、行政上そして物資統制上は別であり、関東州はどちらかといえば日本国内に近く、満洲国とは違うのだ、という認識を新たにしたという次第である。

XI

ソ連侵攻と関東州占領

後方兵站基地から最前線へ

一九四五年に入って平穏無事に見えた満洲にも次第に緊張関係が増し始める。一九四一年六月に開始された独ソ戦も同年一二月に始まった太平洋戦争も、一九四三年頃から両戦線共に日・独・伊は守勢に追い込まれ始め、逆に英・米・ソは攻勢に転じていた。

欧州では一九四二年一二月にはロシアのスターリングラードでソ連軍による反撃が開始され、翌四三年七月には英米軍が地中海地域を制圧しつつシチリア島に上陸、九月にイタリアは連合国に無条件降伏し、日独伊三国同盟の一角が崩壊した。

他方太平洋地域では米軍の対日攻撃はサイパン、フィリピンから日本本土へ迫りつつあった。大東亜共栄圏の西部のビルマ戦線でも一九四四年初頭日本はインド攻略を目指してインパール作戦を強行するが、逆に英印軍の反撃を受けて後退を余儀なくされた。一九四四年六月には連合軍のノルマンディー上陸作戦が始まり、東から攻めあげるソ連軍と西からパリ解放、ベルリン攻略に迫る米英連合軍の前にドイツは敗退を続けることとなった。

一九四三年一一月にはチャーチル、ルーズベルト、スターリンの三巨頭はテヘランで会談し、欧州第二戦線結成問題とともにソ連の対日参戦が協議され、一九四五年二月には前述三巨頭はヤルタで会談し、スターリンは対日参戦を約束した。一九四五年に入るとドイツの敗北が明確となる中で、ソ連は兵力の主力を漸次極東方面へと移し始め、ソ満国境での戦闘準備を開始した。満洲は、南方戦線での後方の兵站基地から北方での最前線へと変わり始めたのである。

ソ連の侵攻と満洲占領

一九四五年八月九日にソ連軍の満洲侵攻が開始された。開戦時に関東軍の総司令官山田乙三《おとぞう》は大連に、情報課長はハイラル方面へ出張中、早朝電話で起こされた参謀副長の松村知勝《ともかつ》は初めてことの次第を知るという無警戒ぶりだった（同台経済懇談会『昭和軍事秘話』中巻、三〇〇頁）。

その兵力は、ドイツを敗北に追い込んだソ連軍の精鋭でシベリアに転送された兵力を基幹に、歩兵・狙撃師団七〇、機械化師団二、騎兵師団六、戦車師団二、飛行師団三二、各種旅団四〇の総兵力数一七四万人、擁する砲は二万九八〇〇余門、戦車・自走砲五二五〇台、航空機五〇〇〇余機にのぼった。対する関東軍は、主力を南方戦線に抽出したことでその戦力は著しく弱体化していた。

対峙する関東軍は歩兵・狙撃師団二四、各種旅団一三で兵員総数こそ七〇万人を数えていたが、砲は一〇〇〇門でソ連軍の三〇分の一、戦車・自走砲は二〇〇台で二六分の一、航空機も二〇〇機で、これも二六分の一という貧弱さであった（中山隆志『ソ連軍進攻と日本軍』、三四頁）。つまり関東軍主力は南方戦線へ抽出されて残された部隊は一九四五年に入ってから急遽召集された兵士たちに過ぎなかった。

ソ連軍は、満洲国西方から主力のザバイカル方面軍が、チチハル、ハルビン、新京、奉天へ、東方国境線からは第一極東方面軍がハルビン、吉林、一部は朝鮮北部へ、そして中央北部の国境線から第二極東方面軍の主力はハルビンと一部は樺太、千島占領へと向かい、ソ連三個の方面軍は首都新京から大連、旅順を目指して侵略を開始した（地図）。

関東軍は東部地区に第一方面軍を、奉天地区に第三方面軍を置いて新京から朝鮮国境の山岳地帯の通化を拠点に抵抗線を敷いて抗戦を継続する計画だったが、十分な準備もできないままにソ連軍に戦線を突破されていった。関東軍が抵抗線を国境から満洲内に移したことから国境近くの日本人開拓団は、ソ連軍の進撃をまともに受けて壊滅的打撃を受けた。北の三方から侵攻したソ連軍は関東軍の抵抗線を突破して早くも一〇日後の八月一九日には瀋陽を占領し、三日後の二二日には大連、旅順を占領し、二三日、占領軍布告が公布された。この間の事情を富永孝子《たかこ》は淡々とした筆の運びで以下のように記述している。

当初、大連は租借地だから中国か米国が進駐するのではないか、と関東州庁は憶測したが、八月二一日、ソ連領事館から関東州庁に二二日午後、ソ連軍使が大連に到着する旨の連絡が入り、ソ連に引き渡す書類や物件を整備するよう指示があり、翌日軍使の到着を待ったという。二二日、軍使到着。二三日、「ダルニー市警務司令官命令・第一号」が公布され、武装解除命令、午後九時以降の外出禁止、劇場、映画館、レストラン、カフェーの閉鎖、市民日常生活に関する施設の営業継続、銀行の業務停止が命令された（『大連・空白の六百日』、七三—七九頁）。

ソ連軍の侵攻は、満洲全土、南樺太から千島列島にまで広がり、その占領作戦は、日本降伏後も継続し日本の固有の領土である北方四島（国後、択捉、歯舞、色丹諸島）の占領作戦は九月五日

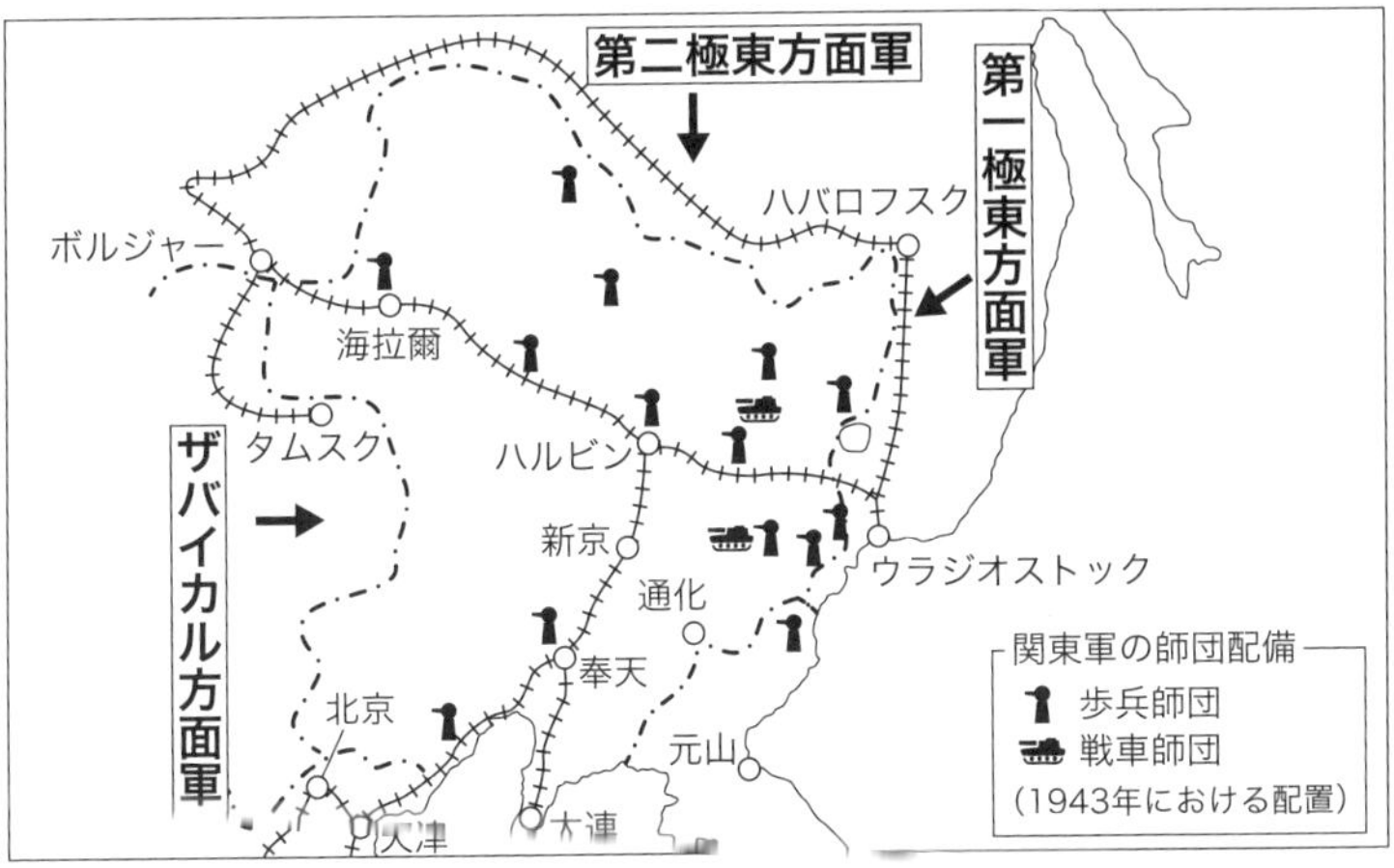

ソ連軍の攻撃軍配置と日本軍(1943年)の師団配備
出典:小林英夫『関東軍とは何だったのか』KADOKAWA、2015年、165頁、中山隆志『関東軍』講談社、2000年、248頁を基に作成

まで継続した。

皇帝溥儀の退位

ソ連軍の満洲侵攻を前に関東軍は新京を放棄し防衛拠点を通化に置いて防衛戦を展開することとなり、皇帝溥儀一行も八月一三日に新京を離れ列車で通化へ向かった。張景恵国務総理以下満洲国各部大臣も同行した。溥儀一行は通化到着後さらに臨江県大栗子《だいりっし》駅に向かい、そこからトラックで大栗子溝鉱業所の所長宅を臨時の宮殿とした。

しかし八月一五日に日本がポツダム宣言を受諾して無条件降伏を受け入れたことを踏まえ、一八日に張景恵ら少数の要人に囲まれて溥儀は皇帝の退位と満洲国の終焉を宣言した。その後、解散し各部大臣たちが通化から散るなか、取り残された溥儀一行は一九日に通化に戻り、ソ連軍進駐の可能性が高い平壌を避けて日本に亡命するため二十二日、小型機で奉天飛行場経由で日本に向かうこととしたのである。

しかし、奉天飛行場に到着するや、おりから進駐してきたソ連軍に逮捕され、シベリアへと送られた（半田敏晴『夢破れたり』植民地帝国人物叢書六二、一五六—一五七頁、工藤忠『皇帝溥儀』、二五—二八頁）。平壌へ一気に飛ぶ可能性もあったのになぜ奉天経由なのかに関してはなお謎が残されている（入江曜子『溥儀』、一四三—一四四頁）。

通化には現在も溥儀が最後の仮住まいとして使用した大栗子鉱業所が残されていて（写真）、ここには溥儀が退位式を行った建物も保存されている。現在は記念館となっているが、当時は鉱業所内の食堂だった。ここは好太王碑《こうたいおう》がある集安からバスで二時間半ほど離れた場所にあり、北朝鮮との国境に隣接している。

したがって、この沿道は農村地帯であり、朝鮮族が居住する地域でもある。溥儀が一九三一年に入満して以来、彼の活動拠点は一貫して、大連、湯崗子、長春といった、関東州か満洲の元満鉄附属地であったが、敗戦直前となって初めてそれ以外の通化という地に仮の居住地を得たこととなる。しかし、それは退位のための仮宿であった。

この間の事情を溥儀の弟の溥傑《ふけつ》は次のように記している。「鉱業所の簡素な食堂で、みなが椅子を寄せ集めて緊急参議府会議が開かれた。張景恵が議長席につき、臧式毅《ぞうしきき》参議府議長、熙洽宮内府大臣らが適当に席についた。薄暗い電灯の下で出席者は沈痛な気持ちを隠せなかった。会議は一晩つづいたが、八月一八日午前一時、ようやく『満洲国』解体と皇帝が退位を宣言する

大栗子鉱業所（高橋信郎氏提供）

ことが決まった。退位式は簡素で厳粛に執り行われた。皇帝溥儀は退位詔書を読み終えた後、集会者一人一人と静かに握手してひっそりと退場した」（愛新覚羅溥傑著、丸山昇監訳、金若静訳『溥傑自伝』、一一八頁）。溥儀の執政就任式も長春の長春市政公署の質素な建物で行われたが、皇帝の退任式も朝鮮国境のうら寂しい鉱山事務所で、就任式以上に質素でわびしいものだった。

ソ連の満洲占領の裏舞台

ソ連の対日参戦をめぐっては、英・米・ソの間で活発な外交戦が展開されていた。ドイツの敗北の見通しが明白となった一九四五年二月に英・米・ソの三巨頭がヤルタに集まりヤルタ会談が開かれた。

ここでソ連の対日参戦が決定されたが、ソ連は対日参戦の代償として日露戦争でロシアの東支鉄道の利権を継承した満鉄の接収と中国との共同運行、大連港の商港・国際化とソ連の優先使用権、旅順の海軍基地の租借、つまりは「日露戦争前にロシアが保持していた中国東北の権利の『回復』」（麻田雅文『満蒙』、二五九頁）を要求したという。

中国国民政府がソ連の旅順の租借要求を知ったのは四か月後の一九四五年六月のことで、蔣介石はその情報を知って激怒したという。六月から国民政府とソ連の間で友好条約の交渉が開始され、ソ連の東北占領についての折衝が始まった。交渉過程では、ソ連の撤兵問題などについて、意見の一致をみなかったが、一九四五年八月一四日に中ソ友好同盟条約が締結された（石井明『中ソ関係史の研究　一九四五―一九五〇』、一七―一九頁）。

ソ連軍の大連・旅順進駐は八月二二日に実現した。ソ連軍の東北駐屯期間は、進攻当初は短期間で終了し撤退するとのことであったが、四六年春まで延期された。その間、中国共産党の東北進出は一九四五年八月から本格化し四五年暮れまでには東北主要都市を押さえたが、四六年一月から米軍装備の近代化した国民党軍部隊による東北進駐が始まると東北の力関係は国民党に優位となり、中共軍は瀋陽、ハルビンなどから北満へと撤収した。

北満奥地へ撤収した中共軍は、土地改革による農村基盤の強化と、ソ連軍から関東軍兵器の提供を受けて力を蓄え一九四七年五月から攻勢に転じ、国民党軍を押し返して四八年九月から始まった遼瀋戦役で国民党軍を圧倒し国民党に大きな損害を与える形で東北を制したのである。

国民党軍は東北占領に大きな犠牲を払った結果、それが国共内戦の負担となりその後に引き続く四八年一一月から四九年一月にかけての淮海《わいかい》会戦（長江北辺をめぐる戦闘）・平津《へいしん》会戦（北京・天津地区をめぐる戦闘）での大敗を生み出し、内戦敗北の原因ともなった。「蔣介石は満洲を惜しみ、中国全土を失った」（成田精太『瓦解　満洲始末記』北隆館、一九五〇年、二七三頁）といわれる所以である。

満鉄の接収と解体

占領直後からソ連軍は日本軍の武装解除と同時に東北の輸送網の基軸である満鉄の接収を開始した。日本がポツダム宣言を受諾する一日前の一九四五年八月一四日にソ連は国民政府と締結した「中国長春鉄道鉄路協定」に基づき中ソ合弁の中国長春鉄路公司を設立し、満鉄業務の引き継ぎを実施していった。

満鉄は同年九月三〇日にGHQの命令により閉鎖された。満鉄は、新会社のもとで、ソ連の指揮下で引き続き東北の鉄道輸送を行うことを指令された（満鉄会編『南満洲鉄道株式会社第四次十年史』、五六頁）。ソ連は中国長春鉄路公司のソ連側の代表としてカルギンを派遣した。カルギンは、イランとソ連の合弁会社の経営や戦場で鉄道運営を指揮した経験を持っていた（麻田雅文『満蒙』、二六四頁）。カルギンは、満鉄社員を使役して運輸占領行政を遂行していった。

一九四四年九月時点の満鉄の雇用者は、山崎元幹《やまざきもとき》総裁を頂点に三九万八三〇一人で、民族別にみると日本人一三万八八〇四人（三四・八％）、中国人その他の外国人二五万九四九七人（六五・二％）で中国人を含む外国人が日本人の約一・九倍であった。しかし社員の中核をなす職員の数値を見れば総数は四万四九九五人で全体の一一・三％と一割強に過ぎず、その民族別構成を見ると日本人が三万九四二八人（八七・六％）であるのに対し、中国人を含む外国人は五五六七人（一二・四％）で日本人が中国人を含む外国人の七・一倍で圧倒的多数を占めていた（満鉄会編前掲書、一三四頁)。

工場施設のソ連への搬出

ソ連軍は進駐直後の一九四五年九月から工場施設の選択・撤去を開始した。そして、一〇月から日本人を使って満洲の工業施設の解体・撤去・ソ連への搬出作業を開始した。「日本人が経営していた工場はソ連の戦利品」(石井明『中ソ関係史の研究 一九四五―一九五〇』、七三頁)という発想で、その解体・搬出が開始されたのである。

在満日本企業がソ連の「戦利品である」という発想はソ連が参戦する前からの決定事項だったという(香島明雄『中ソ外交史研究 1937―1946』、二一三頁)。満洲からの工場施設の運び出しは、占領直後から始まり翌四六年初めまで継続したが、工場設備の撤去は、重要設備、最新設備を搬出する計画的・組織的・集団的・重点的・選択的なものであったという(同書、二二〇頁)。

大連では「満鉄鉄道工場をはじめ一六主要工場、鞍山、本渓湖では製鉄所施設、撫順では採炭設備などの撤去作業」(満蒙同胞援護会編『満蒙終戦史』、一八八―二〇四頁)が、「迅速、果敢、強引」(同書、一九〇頁)に行われた。

この模様を当時大連にいた富永孝子は、その著書『大連・空白の六百日』のなかで次のように綴《つづ》っている。「街に枯葉が舞い散る頃となった。それを蹴散らすように、大連西部工業地帯から大型トラックや牽引車が、轟音をたてて埠頭や駅に向かった。トラックには油で磨かれた大型機械がびっしり積まれていた。十月中旬以降ソ連軍による工場解体が始まった」（同書、二五七頁）。続いて富永は吉岡勝一の著作を引いて「大型機械が並ぶ大連機械の解体命令と搬出や金州満洲重機の解体と設備のロシアへの搬出、そして東洋一を誇った大連埠頭の倉庫群の食糧、野積みされた岩塩、石灰もすべてソ連へと運ばれた。すべての施設が撤去されるとクレーンが解体され、不当に伸びたレールが外された。残ったのは何の設備もない裸の大連埠頭の哀れな姿だった」と述べている（同書、二六〇―二六一頁）。

ソ連へ搬出された工場施設の総額は推定の域を出ず、アメリカのポーレー使節団の推計や国民党政府側のそれやロシアからの発表などで数値は異なるが、香島はポーレーが推計した八億余米ドル前後が妥当な数値ではないかと述べている（香島前掲書、二二四頁）。

混乱する通貨体制

敗戦後満洲国が解体された後でも満洲中央銀行券（満銀券）はその信用力を維持してきた。一四年余の満洲国金融の中枢に位置した満銀券の実績は強固で、敗戦後もその信用力は戦後発行されたソ連軍の軍票、中国共産党発行の東北幣、国民党発行の九省券より強力だった。東北幣は一九四五年暮れ頃から中国共産党が東北の解放区を中心に流通させたものであり、九省券は、国民党政府が東北地域に限定して発行した紙幣だった。

一九四五年八月以降国民党政府は省編成を遼寧省、安東省、遼北省、吉林省、松江省、合江

省、黒龍江省、嫩江省、興安省の九省に再編した。そして九省券一元を満洲中央銀行券一元で交換した。

ソ連軍軍票は一九四五年八月のソ連軍の満洲侵攻作戦の一環として満洲へ持ち込まれた。満洲中央銀行券と等価で強制流通されたが、価値維持工作はなされなかったため満銀券との等価交換は不可能で、一九四六年五月のソ連軍の撤退とともに整理の対象となり東北幣による整理対象となった（鄭成『国共内戦期の中共・ソ連関係』第四章第五部）。国共両陣営ともに物資争奪を目的に通貨戦を展開したが、満銀券は、その中にあって両陣営通貨への兌換が可能だった。

九省券を含む法幣〈国民政府中央銀行〉発行高

1945年12月	1,031.9（十億元）
1946年12月	3,726.1（十億元）
1947年12月	33,188.5（十億元）
1948年８月	663,694.6（十億元）

出典：桑野仁『戦時通貨工作史論』法政大学出版局、1965年、277頁

東北幣、九省券、ソ連軍軍票が乱発され、満銀券の四種類の通貨が混流する中で、中国東北地域にはインフレの嵐が吹き荒れた。中国共産党は、日中戦争期の辺区経済の維持拡大の経験を生かして農産物資の確保とソ連からの工業製品の購入のために東北幣の価値維持に注力して、辺区の勢力範囲の拡大に成功した。辺区内での土地改革と政治改革がそれを促進させた。満洲国末期までに進行してきた地方政治の汚職追放運動はタンバイの廃止に象徴されたが、これを排除するには地方政治家の交代が不可欠だった。中共政権は東北で中共党員の拡大（塚瀬進『マンチュリア史研究』）を通じて若手を地方政治活動に投入して政治改革を推進したのである。

東北での中国共産党

一九四五年八月の日本敗戦と同時に中国共産党は「北進南防」戦略を掲げて、東北を押さえる方針を立てて工作を開始した。農地改革の実施とともに地主層の没落と村政の指導者の交代・中共党員による村政の掌握が急速に進行した。

当初は教育水準が低く若年層が多かったが、党員拡大工作で多数の入党者があり、彼らが従来の村政実行者に代わって新しい村政を執行し、租税徴収、兵員動員に力を発揮していった（同書、二三〇頁）。こうした過程で従来慣習化していたタンバイも減少していくこととなった。

かつて満洲移民が開始された一九三六年に北満で日本人満洲移民に反対し農民軍のリーダーとして活動し、一九三七年に帰順し、その後北満での地域支配層の一員でもあった謝文東も国共内戦の中で国民党軍の一員として活動したが、共産党との戦闘で捕らえられ、処刑されている。世代交代は内戦の過程で急速に進展し、村政の担い手の急速な入れ替え＝交代を促進したのである。

日本人の引き揚げ活動

中国共産党の工作に対抗して国民党も一九四五年九月に東北行営（臨時軍営）を設立して同年

一〇月に長春に進出してソ連軍との交渉を開始した。国民党政府はソ連軍の撤兵を求めると同時に、国民党軍の東北派遣に際し大連、営口、安東、葫蘆島の使用を求めたが、ソ連は、大連の使用を許可しなかった。

一九四五年一一月頃から中国共産党の長春、瀋陽での活動が活発化してきていた。一九四五年一一月、泰皇島から長春までの鉄道輸送路が国民党の手で確保されたので、一九四六年五月葫蘆島からの引き揚げが動き始めた。ソ連軍が東北から撤退したのは一九四六年四月のことで、これに代わって国民党軍が進駐し、中共軍は奥地へと撤退した。

華北の葫蘆島からの日本人引き揚げは一九四六年五月から開始されたが、ソ連が占領していた大連からの引き揚げは、これよりはるかに遅れ、八月、中共地区からの遣送がはじまり大連からの引き揚げが開始されたのは一九四六年の一二月からだった。

在満日本人のなかには現地の戦後復興のため留用されてとどまった者も少なくない。一九四六年一二月現在で、国民政府支配地域だけでもその数は九六五四人、家族を含めるとその数は三万一〇八二人に達した（高碕達之助『満州の終焉』、三〇六―三〇七頁）。留用者は、主に技術者や医師、管理者など高技術所有者が多かった。そして一九四八年七月までには大連地区の約二五万人の日本人が日本に帰還した。

日本人に対しては中国側は日本本国への「遣送計画」を立案して実行していった。その際所持金は一律一人一〇〇〇円以内、携帯品は身の回り品三〇キロ以内と決められ、書類、書籍、写真等の持ち出しは禁止された。多くの日本人は、「集中営」と称された収容所で帰国船を待って、乗船準備が整い次第出国し帰国の途に就いた。

満洲移民の第一陣として一九三二年に移民を行って弥栄村を建設した弥栄開拓団の場合、ソ連軍進攻の報を聞くと綏化へ移動し、九月一五日に二団に分かれて綏化を出発し南下、九月二四日に大連に到着した。その後ここの「集中営」に一年二か月過ごした後一九四六年一一月三日、日本に向けて出発し、一二月八日に佐世保に到着した（松下光男編『弥栄村史』）。

葫蘆島引き揚げの碑

葫蘆島から引き揚げた日本人の中に俳優の森繁久弥《もりしげひさや》がいる。森繁は早稲田大学を卒業後、満洲国へ渡り、アナウンサーとして活躍、敗戦後の引き揚げ時に大連では集中営の世話役を請け負っていた。彼は、当時を回想して次のように述べている。「放送局にいた関係から知り合う人も多く、政治家や実業家や映画の人や文士や、なかでも痛ましかったのは、美しい木暮実千代《こぐれみちよ》さんがご主人と一緒に着かれた時など、これが一世の名女優さんかとうたぐるほどのやつれかただった。それでもお風呂から出てビールを飲んでお腹いっぱい食べてもらったあとは、どうやら女優さんの香りがどことなく漂ってきたようだった」（森繁久弥『森繁自伝』）。こうした引き揚げの足跡は、葫蘆島での引き揚げの碑などを除けば歴史の傍流に淀んで消え失せてきている。

エピローグ　関東州・満鉄附属地とは何であったのか

関東州を満洲国の一部と考えている人は多いが、関東州は満洲国とは全く別の租借地である。前述したように一九四五年春に関東州、満洲を中心に大陸を旅行した飯塚浩二は、奉天から関東州の大連に到着し大連ヤマトホテルに投宿した時、ホテルの食事の貧弱さで、初めてここ関東州が満洲国と違う別地域なのだと認識した（本書二二六頁）が、関東州と満洲国の違いは、そんな程度にまで希釈化され、両者は一体化されていたのかもしれない。

満鉄附属地も同様であった。日露戦争以降一九三七年まで満鉄附属地は、日本人が圧倒的多数居住する満鉄の事実上の「社有地」であった。そこは日本人街を中心とした日本「領土」であった。それゆえに満洲事変は満鉄附属地攻防戦という姿をとったのである。

そして満洲国の誕生とは、満鉄附属地の外延的拡大であった。満鉄附属地の附属地外の満洲国への外延的拡大過程が、そのまま満鉄附属地の自己否定過程でもあったのである。一九三六年から三七年にかけての一連の附属地解消問題はそれを物語る。満洲事変後の溥儀の動きを見ても、溥儀は天津から関東州の大連に上陸、その後も湯崗子から長春へと移動するが、あくまで附属地もしくは元附属地内での行動であり、皇帝の居住地も元附属地内に設定され、それ以外の地に移るということはなかった。ただ一度だけ附属地から皇帝の居住地を移すことはあったが、それはソ連が満洲に侵攻した直後の一九四五年八月の通化への移転であり、それは彼が皇帝の座を降りる舞台への移動であった。

しかし一九四五年八月以降のソ連の満洲侵攻とその後の戦後処理過程は、再び旅順・大連を含む関東州が国際法上は満洲国と異なる位置にあることを認識させた。

ソ連軍は、元満鉄附属地の長春、奉天めがけて満鉄鉄路をいっきに南下し、そして関東州の旅順、大連に達した。そして旅順、大連の租借、港湾の優先的使用を要求したのである。戦後のこうしたソ連軍の行動を見ても旅順、大連を含む関東州に対する彼らの対応は、他の地域とは異なっていた。つまりは、旅順・大連は、中国東北の他の地域とは異なる存在だったのである。

ところが、その点の認識が欠落していたのは在満日本人であった。彼らの多くは、旅順・大連を含む関東州は満洲国の一部と考えてこの拠点からの日本引き揚げを考え行動に移したのである。ところが実際の最初の引き揚げ拠点は旅順、大連ではなく国民政府が掌握していた葫蘆島であり、ここからの引き揚げが最初に実施されて、大連からの引き揚げはそれに遅れ、一九四六年暮れのことだった。一九四五年の極寒の地を越冬することが満蒙逃避民にとっていかに厳しいものであったかは、大連の集中営での死亡者、とりわけ幼児たちに死亡者が集中していたことが、それを物語る。

安易に歴史教訓を引き出す歴史論から離れて、自国及び己の立ち位置を歴史的にしっかり見つめて、きたる事態に国際感覚を研ぎ澄ますことがいかに重要であるかを、関東州と満鉄附属地の歴史は教えてくれているように思われる。

参考文献

参考にした文献を各省ごとに著者名の五十音順に掲載した。複数の章にわたる文献については初出の章のみの掲載とした。

プロローグ

麻田雅文『中東鉄道経営史　ロシアと「満洲」一八九六—一九三五』名古屋大学出版会、二〇一二年
浅野豊美・松田利彦編『植民地帝国日本の法的展開』信山社、二〇〇四年
大蔵省管理局『日本人の海外活動に関する歴史的調査』通巻二五冊、満洲篇第四分冊、関東州篇、一九四九年
外務省編『外地法制誌』第一二巻、文生書院、一九九〇年
外務省編『日本外交年表並主要文書』上、原書房、一九六五年
外務省条約局法規課編『関東州租借地と南満州鉄道附属地』前後編、一九六六年
香川鉄蔵『満洲で働く日本人』ダイヤモンド社、一九四一年
川村湊『満州鉄道まぼろし旅行』ネスコ、一九九八年
関東州経済会『関東州経済の現勢』、一九四四年
関東庁編『関東庁施政二十年史』上・下（原本一九二六年刊行）、復刻版、原書房、一九七四年
越沢明『植民地満洲の都市計画』アジア経済研究所、一九七八年
田中隆一『満洲国と日本の帝国支配』有志舎、二〇〇七年
塚瀬進『マンチュリア史研究—「満洲」六〇〇年の社会変容』吉川弘文館、二〇一四年
平井廣一「満州国における治外法権撤廃及び満鉄附属地行政権移譲と満州国財政」『北星論集』第四八巻第二号、二〇〇九年三月
満洲国史編纂刊行会編『満洲国史』総論・各論、満蒙同朋援護会、一九七〇年
南満洲鉄道株式会社編『満鉄附属地経営沿革全史』上・中・下、龍渓書舎復刻、一九七七年
村上勝彦「日本資本主義と植民地」社会経済史学会編『社会経済史学の課題と展望』有斐閣、一九八四年
安冨歩「満鉄の資金調達と資金投入—『満洲国』期を中心に」『人文学報』第七六号、一九九五年三月

柳沢遊『日本人の植民地経験―大連日本人商工業者の歴史』青木書店、一九九九年
柳沢遊・倉沢愛子『日本帝国の崩壊―人の移動と地域社会の変動』慶應義塾大学出版会、二〇一七年
山本有造『「満洲国」経済史研究』名古屋大学出版会、二〇〇三年
山本有造編『「満洲国」の研究』京都大学人文科学研究所、一九九三年、同、緑蔭書房、一九九五年
芳井研一編『南満州鉄道沿線の社会変容』知泉書館、二〇一三年

I
石田興平『満洲における植民地経済の史的展開』ミネルヴァ書房、一九六四年
大谷正『日清戦争』中央公論新社、二〇一四年
小此木壮介『だいれん物語』吐風書房、一九四四年（ゆまに書房復刻版、二〇一二年）
クリスティー（矢内原忠雄訳）『奉天三十年』上下巻、岩波新書、一九九二年
小峰和夫『満洲』講談社学術文庫、二〇一一年
佐谷眞木人『日清戦争』講談社、二〇〇九年
手島喜一郎『営口事情』営口実業会、一九二〇年
藤村道生『日清戦争』岩波新書、一九七三年
満洲中央銀行『満洲中央銀行十年史』、一九四二年
米野豊実『満洲草分物語』満洲日日新聞社、一九三七年

II
麻田雅文『満蒙』講談社、二〇一四年
麻田雅文「華商紀鳳台―ロシア帝国における『跨境者』の一例」北海道大学スラブ研究センター監修、松里公孝編『講座スラブ・ユーラシア学』第三巻、講談社、二〇〇八年
石光真清『望郷の歌』中公文庫、一九七九年
イヤン・ハミルトン（大阪新報社編輯局摘訳）『日露観戦雑記』戦記名著刊行会、一九三〇年

関東軍都督府陸軍部『明治三十七・八年戦役　満洲軍政史』七・八、ゆまに書房復刻版、一九九九年
越沢明『哈爾浜の都市計画　一八九八―一九四五』総和社、一九八九年
大連市『大連市史』、一九三六年
武居郷一『満洲の労働と労働政策』厳松堂書店、一九四〇年
田山花袋「第二軍従征日記」定本花袋全集刊行会『定本花袋全集』第二五巻、一九九五年
ディビッド・ウルフ「ハルビンとダーリニー（大連）の歴史―一八九八年から一九〇三年まで」和田春樹ほか編『岩波講座　東アジア近現代通史』第二巻、岩波書店、二〇一〇年
戸水寛人『東亜旅行談』有斐閣書房、一九〇三年
中村孝俊『把頭制度の研究』竜文書局創立事務所、一九四四年
原田勝正『満鉄』岩波新書、一九八一年
半藤一利『日露戦争史』一、平凡社、二〇一二年
満洲開拓史復刊委員会『満洲開拓史』全国拓友協議会、一九八〇年
矢野仁一『日清役後支那外交史』東方文化学院京都研究所、一九三七年
王紅艶『「満洲国」労工の史的研究』日本経済評論社、二〇一五年

Ⅲ

海野福寿『日清・日露戦争』集英社、一九九二年
小林英夫『ライバル対決で読みなおす日本近代史』洋泉社、二〇一五年
山田朗『世界史の中の日露戦争』吉川弘文館、二〇〇九年
横手慎二『日露戦争史』中公新書、二〇〇五年

Ⅳ

青柳達雄『満鉄総裁中村是公と漱石』勉誠出版社、一九九六年
金子文夫『近代日本における対満州投資の研究』近藤出版社、一九九一年

栗原健編著『対満蒙政策史の一面』原書房、一九六六年
小林英夫『満州と自民党』新潮社、二〇〇五年
米家泰作「近代日本における植民地旅行記の基礎的研究：鮮満旅行記にみるツーリズム空間」『京都大学文学部研究紀要』五三、二〇一四年三月
夏目漱石「満韓ところどころ」『漱石全集』第一〇巻、岩波書店、一九三六年
農商務省商工局『上海及営口事情』、一九一五年
満鉄会『満鉄会六十年の歩み』財団法人満鉄会、二〇〇六年
南満洲鉄道大連埠頭事務所『大連港』、一九一三年

V
天野元之助『満州経済の発達』南満州鉄道株式会社、一九三二年
江夏由樹「関東都督府及び関東庁の土地調査事業について」『一橋論叢』九七—三、一九八七年三月
大野太幹「一九二〇年代満鉄附属地行政と中国人社会」『現代中国研究』二一、二〇〇七年一〇月
太田阿山編『福島将軍遺績　伝記　福島安正』大空社、一九九七年
大町桂月『満鮮遊記』大阪屋号書店、一九一九年
関東州庁内務部土木課編『関東州愛川村　邦人満洲移民の魁』一九三五年
小磯国昭自叙伝刊行会『葛山鴻爪』、一九六三年
越沢明「大連の都市計画史（一八九八—一九四五）」『日中経済協会会報』一三四・一三五・一三六、一九八四年一〇—一二月
佐々木孝三郎編『奉天経済三十年史』奉天商工会議所、一九四〇年
篠崎嘉郎『大連』大阪屋号書店、一九二一年
武向平「19世紀末～1920年代の長春都市形成—長春城・商埠地・附属地を中心として」『環東アジア研究センター年報』五、二〇一〇年二月
竹中憲一『大連歴史散歩』皓星社、二〇〇七年

鶴田恒雄編『奉天事情』文古堂書店、一九二二年
徳富猪一郎『支那漫遊記』民友社、一九一八年
萩原昌彦編『奉天経済十年誌』奉天商業会議所、一九一八年
福田実著、藤川宥二編『満洲奉天日本人史』謙光社、一九七六年
細井肇『大亜遊記』自由討究社、一九二二年
堀川武夫『極東国際政治史序説―二十一箇条要求の研究』有斐閣、一九五八年
南満洲鉄道株式会社弘報課『満鉄撫順炭礦』、一九四〇年
南満洲鉄道株式会社弘報課『亜細亜横断記』満洲日日新聞東京支社出版部、一九四二年
御厨貴編『後藤新平大全』藤原書店、二〇〇七年
李薈『20世紀初奉天における都市形態の変化と商埠地の発展に関する研究』富士ゼロックス株式会社、小林節太郎記念基金、二〇一七年

VI

NHK取材班・臼井勝美『張学良の昭和史　最後の証言』角川書店、一九九一年
及川恒忠編『支那政治組織の研究』啓成社、一九三三年
大江志乃夫『張作霖爆殺』中公新書、一九八九年
笠木良明遺芳録刊行会『笠木良明遺芳録』、一九六〇年
木下謙次郎『美味求真』啓成社、一九二五年
桑田冨三子『「張作霖を殺した男」の実像』文藝春秋企画出版部、二〇一九年
小林英夫『昭和ファシストの群像』校倉書房、一九八四年
小林英夫『「日本株式会社」を創った男　宮崎正義の生涯』小学館、一九九五年
相良俊輔『赤い夕陽の満州野が原に』光人社、一九七八年
佐藤元英「郭松齢事件をめぐる外交と軍事」中央大学文学部紀要『史学』第五九号、二〇一四年三月
澁谷由里『馬賊で見る「満洲」』講談社、二〇〇四年

大連商業会議所『満洲工業情勢』、一九二六年
張亮「郭松齢の叛乱と張学良の軍事思想―『東北易幟』への道」（北九州市立大学博士論文）、二〇一四年三月
塚瀬進『満洲の日本人』吉川弘文館、二〇〇四年
土田哲夫「南京政府期の国家統合」中国現代史研究会編『中国国民政府史の研究』汲古書院、一九八六年
東宮大佐記念事業委員会編『東宮鐵男伝』、一九四〇年
西村成雄「張学良政権下の幣制改革」『東洋史研究』五〇―四、一九九二年三月
秦郁彦『陰謀史観』新潮新書、二〇一二年
林久治郎『満州事変と奉天総領事　林久治郎遺稿』原書房、一九七八年
平野健一郎「満洲国協和会の政治的展開―複数民族国家における政治的安定と国家動員」『日本政治学会年報政治学』、一九七二年
平山勉『満鉄経営史　株式会社としての覚醒』名古屋大学出版会、二〇一九年
広瀬順晧編『憲政史編纂会旧蔵　政治談話速記録』第三巻、ゆまに書房、一九九八年
保坂富士夫編『石原莞爾研究』第一集、精華会中央事務所、一九五〇年
牧久『満蒙開拓、夢はるかなり　加藤完治と東宮鐵男』上・下、ウェッジ、二〇一五年
満洲青年聯盟史刊行会編『満洲青年聯盟史』原書房、一九六八年
南満洲鉄道株式会社庶務部調査課『東三省官憲の施政内情』、一九二八年
与謝野寛・晶子『鉄幹晶子全集』二六、勉誠出版、二〇〇八年
渡邊精吉郎『満洲に於ける金資と銀資：在満邦人経済界の衰微した理由』満蒙研究会、一九二七年

Ⅶ
石上正夫『平頂山事件』青木書店、一九九一年
弥栄村開拓協同組合編『弥栄開拓十年誌』一九四二年
井上久士・川上詩朗編『平頂山事件資料集』柏書房、二〇一二年
及川琢英『帝国日本の大陸政策と満洲国軍』吉川弘文館、二〇一九年

関東憲兵隊司令部『満洲共産主義運動概史』、一九四〇年
菊池寛『満鉄外史』原書房、二〇一一年
工藤忠『皇帝溥儀』世界社、一九五二年
小林龍夫・島田俊彦編『現代史資料』七、満洲事変、みすず書房、一九六四年
小林英夫「日本の『満州』支配と抗日運動」野沢豊・田中正俊編『講座　中国近現代史』6、東京大学出版会、一九七八年
田辺敏夫『追跡　平頂山事件』図書出版社、一九八八年
中村孝二郎『原野に生きる　ある開拓者の記録』開拓史刊行会、一九七三年
野中時雄『冀東特殊貿易の実情』満鉄天津事務所、一九三六年
波多野澄雄ほか『日中戦争』新潮社、二〇一六年
副島昭一「『満洲国』統治と治外法権撤廃」山本有造編『「満洲国」の研究』緑蔭書房、一九九五年
満洲国軍刊行委員会『満洲国軍』蘭星会、一九七〇年
満洲国軍政部軍事調査部編『満洲共産匪の研究』第一集、一九六四年
満州史研究会『日本帝国主義下の満州』御茶の水書房、一九七二年
南満洲鉄道株式会社総務部資料課編『満洲事変と満鉄』、一九三四年
山室信一「『満洲国』統治過程論」山本有造編『「満洲国」の研究』緑蔭書房、一九九五年

Ⅷ

殷志強「『満洲国』初期における鉄西工業区問題」新潟大学『現代社会文化研究』第四九巻、二〇一〇年一二月
田浦雅徳「満洲国における治外法権撤廃問題　武部六蔵日記を中心に」浅野豊美・松田利彦編『植民地帝国日本の法的展開』信山社、二〇〇四年
浜口裕子『日本統治と東アジア社会　植民地期朝鮮と満州の比較研究』勁草書房、一九九六年
細島喜美『人間山岡万之助伝』講談社、一九六四年
満鉄会編『南満洲鉄道株式会社第四次十年史』龍渓書舎、一九八六年

山室信一『キメラ　満洲国の肖像』中央公論社、一九九三年
李薈「奉天鉄西工業区の成立に関する歴史的研究」日本都市計画学会『都市計画論文集』五五―三、二〇二〇年一〇月

IX

石橋湛山『満鮮産業の印象』東洋経済新報社、一九四一年
今井良一『満洲農業開拓民』三人社、二〇一八年
今村太平『満洲印象記』ゆまに書房、一九九一年
小都晶子『「満洲国」の日本人移民政策』汲古書院、二〇一九年
大蔵省管理局『日本人の海外活動に関する歴史的調査』通巻第二三冊、満洲篇第二分冊
小林英夫『日中戦争』講談社、二〇〇七年
小林英夫『〈満洲〉の歴史』講談社、二〇〇八年
小林英夫ほか『「日本株式会社」の昭和史：官僚支配の構造』大阪：創元社　一九九五年
島木健作「満洲紀行」『島木健作全集』第一二巻、国書刊行会、二〇〇三年
白木沢旭児「満洲開拓における北海道農業の役割」寺林伸明・劉含発・白木沢旭児編『日中両国から見た「満洲開拓」』御茶の水書房、二〇一四年
須永徳武「満洲の化学工業」『立教経済学研究』五九―四、六〇―四、二〇〇六年、二〇〇七年
須永徳武「１９４０年代の満洲工業」『立教経済学研究』六五―一、二〇一一年
宋芳芳「『日満支ブロック』下の大連港」『現代社会文化研究』四五、二〇〇九年七月
大連商工会議所『関東州に於ける生活必需品切符制度の現状』、一九四二年
大連商工会議所『関東州の工業事情』、一九三九年
大連商工会議所編『大連経済便覧』、一九四三年
玉真之介『総力戦体制下の満洲農業移民』吉川弘文館、二〇一六年
角田順編『石原莞爾資料　国防論策篇』原書房、一九六七年
東北物資調節委員会研究組『東北経済小叢書　資源及産業』下、一九七一年

広津和郎『続年月のあしおと』講談社、一九六七年
防衛庁防衛研修所戦史室『関東軍一』朝雲新聞社、一九六九年
本渓湖煤鉄公司『株式会社本渓湖煤鉄公司概容』、一九四二年
本岡武「北満開拓と所謂北海道農法導入問題―北満開拓地農業経営論の一節」『帝国農会報』第三〇巻第一一号、一九四〇年一一月
本岡武「満州開拓農業経営の基本問題―特に経営形成過程の問題を中心として安田技佐の反駁に答ふ」『帝国農会報』第三一巻第一〇号、一九四一年一〇月
松本俊郎「満洲鉄鋼業開発と『満洲国』経済」山本有造編『「満洲国」の研究』緑蔭書房、一九九五年
満洲鉱工技術員協会編『満洲鉱工年鑑』（一九四二年度版）、亜細亜書房、一九四二年
満洲国通信社『満洲開拓年鑑』康徳八年、一九四一年
満洲製鉄鉄友会編『鉄都鞍山の回顧』、一九五七年
安田泰次郎「北満開拓農業経営の新動向」（『帝国農会報』第三一巻第四号　一九四一年四月）

X
飯塚浩二『満蒙紀行』筑摩書房、一九七二年
大井篤『海上護衛戦　太平洋戦争の戦略的分析』日本出版共同、一九五三年
大蔵省管理局『日本人の海外活動に関する歴史的調査』通巻第二二冊、満洲篇第一分冊
片倉衷・古海忠之『挫折した理想国―満洲国興亡の真相』現代ブック社、一九六七年
関東州経済会編『関東州経済年報』昭和一九年度版、一九四五年
小林英夫『関東軍とは何だったのか』ＫＡＤＯＫＡＷＡ、二〇一五年
小林英夫『田村敏雄伝』教育評論社、二〇一八年
高碕達之助『満州の終焉』実業之日本社、一九五三年
日本経済新聞社編『私の履歴書　経済人１』日本経済新聞社、一九八〇年
法政大学大原社会問題研究所編『太平洋戦争下の労働者状態』東洋経済新報社、一九六四年

防衛庁防衛研修所戦史室編『関東軍二』朝雲新聞社、一九七四年
松原一枝『大連ダンスホールの夜』中公文庫、一九九八年

XI
愛新覚羅溥傑　丸山昇監訳　金若静訳『溥傑自伝』河出書房新社、一九九五年
石井明『中ソ関係史の研究　一九四五―一九五〇』東京大学出版会、一九九〇年
入江曜子『溥儀』岩波新書、二〇〇六年
香島明雄『中ソ外交史研究　1937―1946』世界思想社、一九九〇年
桑野仁『戦時通貨工作史論』法政大学出版局、一九六五年
鄭成『国共内戦期の中共・ソ連関係』御茶の水書房、二〇一二年
同台経済懇談会『昭和軍事秘話』中巻、一九八九年
富永孝子『大連・空白の六百日』新評論、一九八六年
中山隆志『ソ連軍進攻と日本軍』国書刊行会、一九九〇年
成田精太『瓦解　満洲始末記』北隆館、一九五〇年
半田敏晴『夢破れたり』植民地帝国人物叢書六二、ゆまに書房、二〇一二年
松下光男編『弥栄村史』弥栄村史刊行委員会、一九八六年
満蒙同胞援護会編『満蒙終戦史』河出書房新社、一九六二年
森繁久弥『森繁自伝』中央公論社、一九六二年

ブックデザイン　黒岩二三
DTP　株式会社フォレスト
校正・校閲　株式会社 聚珍社

満洲国《まんしゅうこく》を産《う》んだ蛇《へび》　関東州《かんとうしゅう》と満鉄附属地《まんてつふぞくち》

2023年7月27日　初版発行

著者／小林《こばやし》 英夫《ひでお》

発行者／山下 直久

発行／株式会社KADOKAWA
〒102-8177　東京都千代田区富士見2-13-3
電話　0570-002-301(ナビダイヤル)

印刷所／大日本印刷株式会社

●お問い合わせ
https://www.kadokawa.co.jp/（「お問い合わせ」へお進みください）
※内容によっては、お答えできない場合があります。
※サポートは日本国内のみとさせていただきます。
※Japanese text only

定価はカバーに表示してあります。

ISBN 978-4-04-606441-7　C0022